岩波現代文庫／社会 304

私の生きた証はどこにあるのか

大人のための人生論

H. S. クシュナー
松宮克昌［訳］

岩波書店

First published 1986 by Summit Books, New York.

This Japanese edition published 2017
by Iwanami Shoten, Publishers, Tokyo
by arrangement with Curtis Brown Ltd., New York,
through Japan UNI Agency, Inc., Tokyo

いまも記憶の中に生き続ける我が両親、
父ユリウス・クシュナー(一九〇〇―八四年)、
母サラ・ハートマン・クシュナー(一九〇五―七六年)に捧げる

感謝の言葉

私がはじめて本書の執筆にきちんと取りかかったのは、かなり前だったように思えます。前作の仕事でもお世話になったきわめて有能な編集者アーサー・H・サミュエルソンに感謝いたします。彼は出版のプロセスを通して私を手引きし、私がどのような本を書こうとしていたのかを正確に理解する力となってくれ、さらに、私が書いた内容の確認をしてくれました。また、サミット・ブックス社主、ジェームズ・シルバーマンに御礼申し上げます。彼は私を信頼してくれ、完全に満足できる作品を書き上げるまで、根気強くこの仕事をやり続けるように強くおっしゃってくださいました。人生も恐れや関心事も私と共に分かち合ってくれたマサチューセッツ州ネイティックのシナゴーグ、テンプル・イスラエルの信徒会衆の皆さん、またカール・ユングの霊的・心理学的な著作を読むように私を説得してくれた友人たちにも同じく御礼を申し上げます。妻のスゼットには格別な感謝を表します。執筆が思うにまかせないときでさえ、彼女の楽観主義と励ましで私は、やり通すことができたのです。

ハロルド・S・クシュナー

日本語版に寄せて

人を幸せに導くものは何でしょうか？　ふつうの人が自分の人生を満足できると感じるには何が必要でしょうか？　望むものを何でも買う余裕が持てるほどの金を持つことでしょうか？　人々が皆あなたの名前を知っているほど有名であることでしょうか？　あるいは、献身的な夫や妻、あなたを愛し称賛してくれる子供たちや、多年にわたり人生の冒険を分かち合ってきた関係の友人たちとの交際に満足を見いだすことでしょうか？

「聖書のなかの最も変わった書」と称されてきた一冊の書がありますが、それはこの問題を取り上げます。それは、「コヘレトの言葉」という書で、今あなたが手に取っている本書は、そのとらえどころのない聖書の一書を理解するための私の試みをまとめたものです。言い伝えでは、ソロモン（前一〇世紀の古代イスラエルの最盛期をもたらした王）が、その長く成果を挙げた治世の終焉に向かう頃、この書を書いたとされていますが、それは、著者が自らをダビデ王の子孫でエルサレムの支配者として描いているからです。しかし、学者たちはソロモンがこの書を書いたのではないという判断で、ほぼ一致しています。古代においては本の著者が有名かつ高名な人物の作であるとされることはよくあることでした。しかし、本当の著者が誰であったかは、この本のメッセージほどには重要なことではない、と私は主張したいと思います。

私は十五歳のときにはじめてコヘレトの言葉に出会い、この書にたちまち心奪われました。当時、高校に通いながら、私はユダヤ学の追加授業を受けていました。ある日のこと、教師は私たちにコヘレトの言葉のある一行を読むように、という宿題を出しました。ただし「君たちの心を迷わすかもしれない考えが含まれている」その他の箇所を飛ばすように、とのことでした。それが、この書全体を私が読んだきっかけでした。この書のほとんどはよく理解することはできませんでしたが、典型的な若者であった私は「なんという空しさ　なんという空しさ、すべては空しい」「愚者に起こることは、私にも起こる。より賢くなろうとするのは無駄だ」といったこの書の厭世的、冷笑的な調子に引き込まれました。

当時、私はコヘレトの言葉に惚れこんでいて、ちょくちょくその書に戻って読み直しました。著者は富、名声、ハーレムの美女などすべてを持っていたと思われる男性です。それでも十分に満たされていないと感ぜずにはいられませんでした。何かが欠けていると感じていました。やがて人生の終盤に向かう途上で情熱を使い果たし、自分の夢を後に残した彼は、答えを見いだし、この聖書の一書に次のような言葉を私たちに残します。

「さあ、喜んであなたのパンを食べ　気持よくあなたの酒を飲むがよい。あなたの業《わざ》を神は受け入れていてくださる。……太陽の下、与えられた空しい人生の日々　愛する妻と共に楽しく生きるがよい。……何によらず手をつけたことは熱心にするがよい。いつかは行かなければならないあの陰府《よみ》には　仕事も企ても、知恵も知識も、もうないのだ」。

その一節が私に伝えていることは、満足できる人生とは何かという難問に大きな答えはないが、ささやかな多くの答えがあり、そうした答えを私たちは大切にすべきだ、ということです。この本は、私が愛するコヘレトの言葉の知恵を、今日の読者、研究者に接しやすいよう私なりの言葉に直して贈るものです。聖書原典のコヘレトの言葉が私のためになったように、これらの言葉が読者のためにもなりますように。

二〇一六年十二月

ハロルド・S・クシュナー

目次

「私の患者のおよそ三分の一は臨床的に説明できるノイローゼではなく、自分の人生の無意味さと空虚さに悩まされている。これが私たちの時代の一般的なノイローゼと説明されるものである」

（カール・ユング『魂を探究する現代人（*Modern Man in Search of a Soul*）』）

「なんという空しさ、すべては空しい」

（コヘレトの言葉　一章二節）

1章

人生でやり残したことはなかったか?

人生の根幹的な問い

お金を稼ぐか、それとも家族のために尽くすかのどちらがより大切であるかをふつうの人に尋ねたなら、家族である、とほとんど誰もがためらうことなく答えると言ってもよいでしょう。しかし、ふつうの人が現実にどのように生きているか、時間とエネルギーを何に注いでいるかをご覧なさい。本当は彼が確信しているとおりに生きてはいない事実が明らかになります。彼は、自分がもし朝早くから仕事に出かけ、夜疲れて帰宅すれば、世に広く喧伝されたものすべてを提供するために、どれほど自分が家族に尽くしてきたか証明できる、と自分を納得させようとしています。

友だちでも身内でもない人に認めてもらうことと、自分に最も身近な人の愛情を得ることのどちらに意味があるかをふつうの女性に尋ねてみましょう。彼女はなぜあなたがそんな質問をするのかさえ理解できないでしょう。明らかに、自分にとって家族と身近な友だち以上に意味ある人たちはいないからです。それにもかかわらず、私たちのうちどれほど多くの人が隣人、見知らぬ人が考えているかもしれないことを恐れたり、自分の子供に気まずい思いをさせたり、自発性を押しつぶしたりしてきたことでしょうか。どれほど頻繁に自分に一番身近な人に怒りを浴びせてきたことでしょうか。そうした行動をとったのは、仕事が大変だったからでしょうか？　それとも、他の誰かが私たちを動転させたためでしょうか？　どれほど多くの人が、自分を十分にわかっていない人に実際以上に魅力的に見せようとダイエットをし、家族をやきもきさせてきたことでしょうか。

ふつうの人に人生で何が欲しいかを尋ねてみましょう。おそらく「なんと言っても自分が手に入れたいものは幸せです」と答えることでしょう。私はそれを信じます。私はたいていの人が幸せになりたい、と答えると信じます。そういう人々が自分を幸せにするために頑張るものと信じます。人々は本を買い、講座を受講し、生活様式すら変えて、とらえ難い性質の幸せを見つけようといまも努力し続けています。しかし、そうしたあらゆる努力をしても、大半の人は、大半のときを幸せだとは感じていないのではないか、と私は思います。

その幸せという意識は、なぜ、人生において欲するものを手に入れた人、入れられなかった人のどちらからも、するりと逃げていくほど、とらえどころがないものなのでしょうか。多くの理由で幸せであると感じるはずの人が自分の人生に何かが欠落している、となぜこれほどはっきりと感じるのでしょうか？　「なんと言っても自分が手に入れたいものは幸せです」と私たちが言うとき、人生に多くを求めすぎているのでしょうか？　幸せとは、永遠の若さ、あるいは止まることを知らぬ不朽の運動のような、どんなに頑張って努力しても私たちにとって手の届かない運命にある目的なのでしょうか？　あるいは、人が幸せになることができるにせよ、間違ったやり方で幸せになろうとしているのでしょうか？

成功に求めるもの、魂が求めるもの

かつてオスカー・ワイルドは、「この世には、二つの悲劇があるだけである。一つは人が望むものを手に入れられない悲劇、もう一つはそれを手に入れた悲劇である」と書きました。彼は成功することにどれほど一生懸命に頑張ったにせよ成功が私たちを満足させることはない、ということを私たちに警告しようとしました。私たちは成功の祭壇にどれほど供え物をしても、成功を手に入れるときまでに望んでいた成功が自分の思惑とは違うものであることに気づきます。金や権力のある人は、あなたや私が知らないことを知っています。それは、私たちがたとえ聞いたとしても信じられないかもしれないようなことです。金や権力でさえも、言葉では言い表しようもない魂の渇きを満たせません。金持ちや権力者でさえ、それ以上の何かを切望する自分に気づいています。私たちは、金持ちや有名人の家族問題について読み、テレビで物語化された葛藤を見ますが、そのメッセージの本質を理解することはできません。彼らがもっているものを自分がもてれば幸せになるだろうと思い続けます。たとえどんなに有名になろうと頑張ったにせよ、またどんなにそのことをうまくやれるにせよ、くつろぐことができ目標に辿りつけたと感じる心境に達することは決してないように思えます。自分が何者であるのかという意識が人気や人の評価に依存するなら、私たちは常に他人の考えに左右されることになります。いつかそれらに自分の足をすくわれることになるでしょう。

ハリウッドで名声と財産を築くために家を出た一人の若者の記事を私は思い出します。彼は自分の名が脚光を浴びること、ロールスロイスを持つこと、美人コンテストの優勝者と結婚するという三つの夢を目指しました。彼は三十歳になるまでに、その三つの夢すべてを手に入れました。やがて、夢をすべて実現したのに(おそらくそのことが原因して)もはや創造的に働くことのできないひどく陰鬱な若者になっていました。三十歳までに彼は挑戦すべき目標がなくなっていました。残された人生で彼がなすべきことは何だったでしょうか？

近頃、数人の作家が「なりすまし現象」について書いています。一見成功しているように見える多くの人々は実際には成功に値しない人間で、人々が彼らの詐欺師である正体をいつか暴くだろうと感じていることが描かれています。というのは、成功者はその外面的なはなやかさにもかかわらず、中身は空っぽであると感じています。彼らは落ちつけず、自分が達成したことに安住し、満喫することができません。また次々と新たな成功を必要とします。自分が知っているように人々が自分のことを知ったなら、自分が食わせものであることがわかってしまうだろう、と言い続ける内なる声を押さえ込むために、周りの人たちから絶え間なく新たな自信を得ることが必要だからです。

成功している医師や会社の重役と結婚し、郊外のすばらしい邸宅に住むことを夢見た女性が、いい結婚をし、夢みたような家に住むようになったとしましょう。しかし、毎朝、「これが人生のすべてだろうか」「これ以上の何かがなければならない」という思いが心中に去来するのはなぜなのかを彼女は理解できません。彼女は自分の日程を目一杯埋めれば、魂の悩ましい空虚感を満たせられるのではないか、と友人とランチを一緒にとる約束を交わしたり、慈善活動の資金集めをしたり、場合によってはブティックを開業したりします。しかし、どれほど自分を忙《せわ》しくしていても内なる渇きは満たされません。

魂は名声さらに安楽、富、権力を渇望することはありません。これらがもたらす恩恵は、問題を解決してくれるのと同じくらい、多くの問題も生みだします。私たちの魂は生きる意味に飢えています。魂は、人生が重大なものになるようにいかに生きるべきであるか、自分が生きてきたことによってせめてわずかであっても世界が違ったものになるよう人生をいかに生きるべきかを突き止めた、という感覚を渇望します。

現代人の不安と問い

ある日、私はカール・ユング（一八七五―一九六一年。スイスの心理学者、精神医学者）の『魂を探求する現代人（*Modern Man in Search of a Soul*）』を読み、いくつかの文章に出会い、その卓見に度肝を抜かれました。それは私が生まれる前に生きていた人が、自分以上に私のことをよくわかっていたように感じさせてくれたからです。その最初の一節は、「私の患者のおよそ三分の一は臨床的に説明できるノイローゼではなく、自分の人生の無意味さと空虚さに悩まされている。これが私たちの時代の一般的なノイローゼと説明されるものである」というものでした。

私は彼が正しかったことを認めねばなりませんでした。その文章が書かれた一九二〇年代、三〇年代の頃と同じくらい、現代でも彼は正しかったのです。私たちを欲求不満にさせ人生から喜びを奪うものとは、この意味の不在です。人生は一日一日と絶え間なく続きます。その人生の日々は、成功するかもしれないし、成功しないかもしれません。喜びに満たされるかもしれませんし、不安にさいなまれるかもしれません。しかし人生には何か意味があるのでしょうか？

食べて、寝て、働き、子供を持って、いままさに生きている以上の何かが人生にあるのでしょうか？　私たちは「人生にどんな意味があるのか？」と問う能力に苦しめられることを除けば、昆虫や動物の一生と違わない存在なのでしょうか？（私たちが知り得る限り、他の生物はそのような疑問を持ちません。）それは答えるに困難な問いであっても答えを避けることはさらに困難です。おそらく、私たちが教育とか仕事、結婚の決断に気を紛らしている間、この問いに答えることを先送りすることはできます。そうした若い何十年かの時代、他人の意見が自分の意見以上に大きく発言権を持ちます。しかし、遅かれ早かれ、この問題に面と向かわねばならなくなります。自分の人生において何をすべきでしょうか？　人生が、たちまち永久に消え去ってしまう生物的存在のほんの束の間の輝き以上の何かを意味するようになるためには、どのように生きるべきなのでしょうか？

サウス・ウェールズにある「蝶の博物館」の学芸員が、かつて私に「口なし蛾」という種がいることを教えてくれました。その蛾は産卵をし、やがて消化器系統を持たない蛾になり、食物を摂取できずに生後数時間で餓死してしまいます。自然は生殖をし、卵を産み、種の生命体を残すようにこの蛾をつくりました。ひとたび生殖行為が行われるや否や蛾は生き続ける理由を持たず、死ぬようにプログラムされています。私たちも同じでしょうか？　人類が永続できるように、私たちも子供を作るためにだけ生きているのでしょうか？　そうしたことを行い次世代に道を譲るために消えるのが私たちの運命なのでしょうか？　それとも、私たちの存在には、ただ存在すること以上の目的があるのでしょうか？　生きていることは重大なことでしょうか？　私たちが消え去ることは、世界をより貧しくさせるのでしょうか？　それともこの世界の過密さを緩和させるだけなのでしょうか？　ユングが正しく理解したように、これらはカクテル・パーティーの会話に似つかわしい曖昧な問いではありません。一刻を争う重大な人生の問いです。病み、孤独で、さらにこうした問いに答えられないのではないか、と恐れている自分に私たちは気づくことでしょう。

ある晩、一人の男性が書斎で私と対座していました。彼は前日に約束のために電話してきましたが、なにやら落ち着かない様子で、宗教上の質問がある、とだけ言っていました。私の仕事柄、宗教上の質問というのは、なぜ神は悪の存在を認めるのかという問いから、結婚式で花婿の両親はどこに立つのか、という問いまでなんでも含みます。彼は子供時代のこと、最初の宗教上のしつけについて適当に少しだけ述べてから、胸中を私に打ち明けました。

「二週間前、私は人生ではじめて自分と同年齢の男性の葬儀に参列しました。彼のことはよく知りませんでした。しかし、私たちは一緒に働き、時折お互いに話をし、ほぼ同い歳の子供がいました。その彼が思いもかけず突然、週末に亡くなりました。仲間の多くも葬儀に参列し、誰もが死がたやすく自分たちに訪れてもおかしくはない、と思いました。これは二週間前のことでした。職場では同僚がすでに彼の仕事を引き継いでいます。私は彼の妻が自分の両親と暮らすため、州外に引っ越そうとしていることも聞いています。二週間前、彼は私が足を伸ばせば届く場所で仕事をしていたのです。でも、いまやまったく元から存在していなかったかのようです。まさに水たまりに落ちた岩のように……。岩が落ちるときの数秒間、水面に波形を描きますよね。でも水面は以前と同じ状態に戻り、岩はもうどこにも見えません。ラビ〔ユダヤ教の律法学者、ユダヤ人共同体の霊的指導者〕、私は葬儀の日からというもの、まんじりと眠ることもできません。死がある日、私を襲い、数日後、自分がもともと生きていなかったように忘れ去られるのではないか、という思いを抑えることができません。人間の人生は、そのようにはかないものでしかありえないのでしょうか？」。

森のなかで木が倒れても、それを聞く人がいなかったなら、倒れた木は音を出していないことになるのでしょうか？　生きていた人が死んでも気づく者がおらず、世界は何事もなく続いていくなら、その人はこれまで実際生きていたと言えるのでしょうか？　私たちの眠りにつきまとうものの正体は、死ぬことや人生が終わることに対する恐怖ではなく、私たちの人生が意味のあるものではなくなり、この世界に関するかぎり、私たちは生きていなかったも同然という結果に終わることに対する恐怖であると私は確信しています。私たちがどれほど手にしているものがたくさんあるにせよ、人生において逸しているものとは、そのような生きている意味を感じることです。

精神療法と宗教が与えるもの

私たちは願ったことすべてを手にするかもしれませんが、それでも空しさを感じるかもしれません。自分の仕事で最高位にたどりつくかもしれませんが、依然として何かの欠落を感じるでしょう。友人や知人が自分を羨ましがっているのを知ることがあっても、相変わらず人生における真の満足の不在を感じるでしょう。おそらくそういうとき、心の穴を埋め、自分の人生を何か堅固なものの上に立脚させる手助けをしてもらうために、私たちは精神療法に助力を求めてきました。私たちは「精神療法《サイコセラピー》」の本来の文字どおりの意味は「魂の介護と治療」であり、まさに魂は介護されることを必要とするということを思い出すかもしれません。私はこれまでの人生で何回となく問題に押しつぶされそうになり、どこで自分が事態をより困難なものにしているかを教えてくれる、熟練した外部のオブザーバーを必要としたとき、個人的にも精神療法の恩恵にあずかってきました。私はある事実に正面から向き合うことを避けている、と指摘してもらう必要がありました。加えて、自分の信徒会衆に説教をするため、さらに問題を抱えている信徒の相談相手になるため、心理学と精神療法の識見を活用してきました。精神療法が人を癒すうえでさまざまな有用性があることを私は知っています。とはいえ、精神療法のアプローチは、まだ存在していない世界を展望することよりも、むしろ、いま存在しているものに適応することに価値を置きます。熟練のセラピストは私たちが自分たちをがんじがらめに縛りつけている感情的な結び目を解くことができます。また幸せになることへの障害のいくつかを取り除くことができます。しかし、セラピストは辛い思いを減らすことはできても、私たちを幸せにすることはできません。せいぜいできることは感情的に負の状態からゼロに戻すことです。セラピストは、私たちが意味ある生き方をするための能力を発揮する際の障害を取り除くことはできても、やれる範囲はそこまでです。信徒会衆が個人的な問題で私のところにやってくるとき、私は、自分が訓練を受けたセラピストではないことを必ず話します。専門のセラピストができるようなたくさんのことは、私にはできません。とはいえ、セラピストのやれないことを提供することができます。つまり、何が正しい生き方で何が間違った生き方かということを定義すること、彼らの行動を判断し、何かが間違っている、機能不全なだけではなく道徳的に間違っている、だから別の行動をとる道がより好ましいであろう、と自由に助言することです。

「セイヨウワサビについた虫にとっては、全世界がセイヨウワサビである」という古いイディッシュ語（東欧に移住したユダヤ人が主に用いる言語）の諺があります。つまり、私たちは他の選択肢があることを知らなければ、欲求不満だらけにもかかわらず、今の生き方が唯一の道だと思いこむようになる、ということです。人生は、常に交通渋滞や空気汚染に巻きこまれていると信じるようになります。精神療法は私たちの生きている世界がセイヨウワサビであるという現実を認識できるようにしてくれます。それは世の中についての非現実的な期待から目をさまさせてくれます。この世界に順応し、それによって挫折感を小さくすることを教えてくれます。しかし、私たちが見たことも味わったこともない世界については教えてくれません。心理学は健全であるべきということを教えることはできますが、私たちが人間的になるために必要な助けとなるものとしては、何か別のものを探さなければなりません。

人生に意味があるのかどうか、私たち一人ひとりの生き方にはなんらかの現実の違いをもたらす固有な意味があるのかどうかという問いは、信仰とか礼拝に関する事柄であるからではなく、究極の価値観、究極の関心事であるがゆえの宗教的な問いです。学ぶべきすべてを学び、解決し得るすべての問題を解決しても、さらに残されるものが宗教的な問いです。宗教は人間と他の生物種との違い、また、私たち自身がそれに価値を置くことで私たち一人ひとりの人生を意味のあるものにするような重大な目的の探究に焦点を合わせます。

アメリカ合衆国の独立宣言は、私たち一人ひとりの幸せを追求する権利を保証しています。しかし、その宣言は政治的文書であり宗教的なものではないので、その権利行使をして挫折することに警告を発するものではありません。なぜなら、幸せの追求は間違った目標だからです。幸せを追求しても幸せにはなれません。なんらかの意味のある人生を生きることで幸せになるのです。あなたが知る最高に幸せな人とは、おそらく最高に金持ちで、最高に有名な人ではないでしょうし、幸せになることの記事を読んだり、この手の本を買ったり、最新の流行をつかむことで幸せになろうと最大限に頑張っている人でもおそらくないでしょう。あなたが知る最も幸せな人とは、思いやりを持ち、人の役に立ち、信頼されるように物事に取り組む人であり、それらのことに忙しくしている間に幸せが人生に入りこんでくる人ではないでしょうか。

幸せを追求しても、幸せにはなれません。それは常に副産物であり、第一目標にはなれないものです。幸せは蝶のようなものです。追いかければ追いかけるほど、遠ざかり隠れてしまいます。追いかけることを止め、虫取り網を捨てて、個人的な幸せの追求とは別の、もっと生産的なことをせっせとこなすことです。そうすると、後ろから蝶がそっと忍び寄ってきて、肩のうえに羽根を休めにとまってくれるでしょう。

仕事の業績に支払う代償

もう一度ユングの言葉を引用します。「社会が見返りを与える業績は、人格をすり減らす代償のうえに勝ち取られている、という本質的な事実を私たちは見落としている。人生で体験しなければならなかった多くの局面は、ほこりまみれになった記憶という物置部屋に横たわっている」。私はそれを読んだ時、常に心の底ではわかっていたのに必死で認めまいとしていた真実に向き合う思いで、その一節を凝視しました。自分が四十歳台後半になって、いまはじめてそのことに向き合う用意ができました。

私は多くの人と同じく、自分の人格を歪めるほどの代償を払うことによって、特定分野の仕事についてうまくやれるようになりました。私の家族、私自身の人格の全体性の意識を犠牲にしてきました。しかし、概して世間は私の仕事と家族、生活との不釣り合いな状態をよく理解してくれていたので、私は自分のしていることになんとか気づくまいとしてきました。仕事上の喝采、賛辞と感謝が、何かを置き忘れている、と私に告げる静かで小さな内なる声をかき消しました。

私は(週の三日目の夜の)委員会に出席することが家族と家庭で過ごすことよりも重要であり、委員会も自分なしにはおそらく機能できない、と自分を納得させた数え切れない夜を思い起こします(後年になってはじめて、友人である聖職者は、「神はあなたを用いられるかもしれないが、あなたを必要としているわけではない」と言ってくれました)。訪問者の都合のよい時間帯にカウンセリングの約束を入れましたが、その代償として何度となく夕食なしですますことになったことも思い起こします。数年前、ラビを養成する神学校の卒業生に講演するよう招かれ、ラビ職に就くために巣立ってゆく若者に、はなむけの言葉を贈ったことがあります。

「皆さんは、誰にもわずらわされない家族の平穏なひとときの安息日について信徒会衆に説教することができるようにと、礼拝に定刻通り間に合うために、家族でとる金曜の夕食を大急ぎですますことでしょう。シナゴーグの青年グループに宗教の価値観を教えるいっぽう、病気の子供、試験勉強をする子供を家庭に置いてくる場合もあることでしょう。自分の仕事によって家族に対する責務に決して影響を来たさせない人であるということで故人を讃える葬儀の司式をするために、家族でピクニックに行く計画を中止する日曜日もあることでしょう。なにより悪いのは、皆さんがそうしているうちに、自分が何をしているか意識さえしなくなることです」。

私はアメリカで最も成功した自動車販売ディーラーの一人が成功の秘密を話したインタビュー記事を思い出します。「私はショールームのなかにいる顧客の誰に対しても自分の親友であるかのように接します。その顧客が何に興味があるのか、どんな仕事をしているのかを探り出し、そしてそれが何であれ、自分もそのことに興味があるかのようにふるまい、彼が興味のあることを話すように促します。私がその一連のことをし終えるまでに、顧客は必ず私から車を買いたいと思うようになります」。このようなやり方で生活の糧を得ることは、どれほど淋しいことでしょうか。どの人も好きであるようなふりをすることによって、見込み客としてだけではなく、誰かと友人として付き合うことを純粋に楽しむことがどんな感じであるか忘れてしまうまでに至るでしょう。相手の好感を得ようと取り繕った感情(私はいま何を感じるべきなのだろうか?)は、本当の感情(私はこの人を実際どう感じているのだろうか?)に置き換わり、実際、自分がどう感じるかということを知る力を封じ込めるまでになります。おそらくこれが、今日のアメリカ人男性の生き方に、なぜこれほど多くのまやかしのつきあいのよさが充満し、純粋な友情がごくわずかしか見られないかの所以です。

そして、一番困るのは、社会がこの釣り合いの悪さをほめそやし、私たちの経済的成功に敬意を表し、自己犠牲を称賛していることです。「社会が見返りを与える業績は、人格をすり減らす代償のうえに勝ち取られている」ということです。社会の力は、私たちを全人的な人間にさせないものです。というのも、私たちが人々にとってより有用な人間であると見なされるのは、自分のなかの一部が過度に発達しているときだからです。猟で射止めた鳥をかみ切らずに口にくわえて持ち帰る、よく訓練された猟犬のように、私たちは持って生まれた健全な本能を否定することで、社会に役立つ人間となってきました。

本書の性格と目的

本書は、どうしたら幸せになれるのかとか、どうしたら人気者になれるかといったことを書いたものではありません。そうしたことを指南する本は数多くあります。本書はどうしたら成功できるかについて書かれた本ではあっても、それはたいていの人が使う意味での成功ではありません。本書は、いかに人間的であるか、自分が束の間生きて消え去る「口なし蛾」以上の存在であるという感覚をもっていかに生きるかについての本です。読者が、人間として予め定められたように生きてきたこと、人生を浪費してこなかったということをいかに知るかについての本です。自分の人生に意味を与えることについての本であり、この世での己の時間を有益に使い、人生を無駄には生きてこなかったと感じ、さらに自分が人生を生き抜いてきたことで世界は違ったものになるだろうと感じるための本です。壮年になった男がいまわかるようになった、若かった頃自分が知りたかったことのいくつかを読者に伝えるために書いた本です。

私の前作『なぜ私だけが苦しむのか(*When Bad Things Happen to Good People*)』〔斎藤武訳、岩波現代文庫〕は、その日を境に人生が二つに分かれるような恐ろしい出来事が起きたとき、そのショッキングな悲劇に立ち向かう人を助けるために書き下ろしました。愛する人の死、身体を損なう事故、不治の病と診断されることなどの悲劇は、そのことに精神を集中させます。人生がそのことでどれほど違ったものになるかの答えを見つけ出そうとして、その問題を扱わずにはいられません。本書は倦怠の病、無意味ということ、無益という意識、人生の目的の無さといった、よりとらえ難い種類の別の悲劇に立ち向かう人を助けるために書かれています。そうした悲劇が私たちに降りかかるということをいつも自覚できるとは限らないため、ある意味で、いっそう危険な問題です。それは、知らず知らずのうちに私たちにそっと忍びこみ、人生から喜びと熱意とを枯渇させ、そうした事態が起きていることに気づいたときには、対応することが手遅れになっているような危険さを持った問題です。本書は、私たちが生き、いつか死を迎えるとしても、自分が生きようが死のうがこの世界にとって何も変わらないのでは、という恐れに対処することを手助けする本です。

私はこの本を、前作とはまったく違う、私個人の問題から一歩距離を置いた、他の人々の問題についての本として、書きはじめました。それらを解決する助言を満載するつもりでした。しかし、しばらく書いているうちに、何かが欠落していることに気づきました。他人の問題についてではなく、自分自身の問題と混乱からこの本を書かなければいけないと思いました。本書を意味を求める人間の抽象的な探求についてではなく、前作がそうであったように、あらゆる間違いと挫折に満ちた自分自身の探求について書かれた、きわめて私的な本に仕上げなければいけないと思いました。

年齢と共に変化する人生に対する視座

私の人生の見方を見直させた三つの出来事が、この五年間に起きました。第一は不治の病によって十四歳の息子を亡くし、そして私がその悲劇を受け容れ、生き抜く力の源泉をどのように見いだしたかについて書いたことです。私は自分を知る仲間うちの友人以外の不特定多数の人が、その本を読むことになるとは考えずに、この話を私自身が伝えたい欲求から書きました。驚いたことに(その本を最初に見て断ってきた二つの出版社も驚いたように)、それは国際的なベストセラー作品になりました。刊行後、数年を経たいまも、その本に助けられ、慰められたという読者からの感謝の手紙を私は受け取り続けています。

その本の成功がいくらかの名声と富を私にもたらし、数年間私を極度に多忙にさせ、自分の健康や家族、本とは直接関係のない仕事に負担をかけました。けれども、なによりもそれが私に決断させたことは、脚光を浴びるような事柄のなかで、望ましいものと望ましいとはいえないものとを否応なくふるい分けることでした。何度も何度も私は「これは本当に自分が人生に望んでいたものだろうか？」と自問しなければなりませんでした。ときに「これこそ、それだ」と共感して肯定しましたが、ときに不承不承に、「いいや、違う」と否定しました。しかし、いずれの場合であっても、私が以前に体験することのなかった頻度と緊急性をもってこの問いに向き合わねばなりませんでした。私にある限られた時間とエネルギーをどう使いたいか、私が何によって人に記憶されたいかを決めねばなりませんでした。こうした問いに答えようとして、私が犯した間違いと学んだ教訓がこの本の土台です。

私に起きた第二のことは、八十四歳の誕生日を迎える直前に父が他界したことでした。このことにより父も私も、人は永遠に生きられない存在であるという論点に否が応でも向き合わされました。どれほど長く、どれほど成功した人生でも、いつか終りを迎えることを私は認めなければなりませんでした。父がこの世にいないことが日常となる日々を今まで知りませんでした。いまや私は父が生きてきた人生のすべての道のりを総括し、何が残されたかを見つめねばなりませんでした。父は非常に活動的で、多年にわたり成功を遂げた人でした。父なきいま、私は彼の全業績のどれが彼と共に死んで消え去ったのか、さらにどれが不朽の記憶として残るものであるかを見つめたいと思いました。父の死は、自分がいまや最も高齢世代の人間であり、言うなれば次は自分の番であることを意味しました。したがって、自分の人生のどのような面が、自分よりも長く生き残り、自分の名と記憶を生き続けさせるのかを考えはじめるときでもありました。

最後の出来事は、私が本書の執筆中に五十歳になったことです。私はもっと若かった頃、三十歳、四十歳の誕生日が過ぎていくときには、多くの人ほどには、もはや若くはないことに怯《おび》えるということはありませんでした。つまるところ、私は若者の溌剌さと活力以上に知恵と成熟を崇敬するユダヤの伝統に生まれました。また、いかに生きるかについて説教をする人は四十歳が頃合いと考えました。とはいえ五十歳は、新たな人生のはじまりではなく、人生の終焉にじりじりと近づいている、恐ろしいほど年とった人間のように思えました。五十歳になるという驚くべきことを覚悟させるような文章を私はこれまで読んできたことはありませんでした。しかし、それはたやすいことでした。私はそれまでの人生の節目に立ったときよりも、自分が何者であるのかについてよりはっきりとした意識をもって、ずっと落ち着いていることに気づきました。

三十歳、さらに四十歳になった時でさえ、自分の人生がどんな具合になるのかについて疑問を持っていました。三十歳の時、妻と私は自分たちの家族のことや子供を持つことを思案中でした。ラビ職の実習生の訓練段階を終えておらず、依然として郊外にある大きな信徒会衆を抱えるシナゴーグの助任ラビでした。三十五歳の時は大望を抱いており、席を温める暇もないほど忙しく、仕事と家族との相反する要求の狭間で引き裂かれていました。四十歳の時は、私的な夢と、自分の専門分野の夢のいくつかを実現できないという事実を受け容れることに抗って葛藤していました。私は人生の不公平を受け容れる気にはなれず、それに抗っていました。しかし、いまや五十歳です。私の人生についての主要な疑問の多くには答えが出ています。あるものには満足のいく形で、あるものにはそれほどではない形によってです。私は自分のこれからの歩みに、依然として驚きがあることを確信しています。成長を続けることを止めないだろうと期待しています。しかし、もっと若かったとき、自分のなかで猛威をふるった嵐や不確実性は静まったように思えます。

意味を求める欲求は、食物や空気を求めるような生物的な欲求とは違います。それは、受け容れられることや自尊心への欲求のような心理的欲求でもありません。宗教的な欲求であり、私たちの魂のなかの究極的な渇きです。ですから、その答えを求めるためには、宗教に目を向ける必要があります。

2章

聖書のなかの最も危険な書

聖書の題目と人生の題目との不一致

よい人生、意味のある満たされた人生を探し求めることは、宗教の最古のテーマの一つです。宗教は、その最初期から、人々を神につなげ、広大で制御できない世界を恐ろしいものと思わせないように努めてきました。宗教は人が祝いのとき、また喪に服すときに孤独でないように、人々を互いに結びつけてきました。さらに人間は人生に単に生存していることよりも大事なものがあることを理解するようになるやいなや、宗教を好ましい生き方への手引きと見なしました。ユダヤ教、キリスト教、あるいはいくつかの東洋の信仰体系において、宗教はときに、森羅万象と調和して生きる道、予め定められた人生を生きるための手引きなど、人生の指針として触れられています。

しかし今日、伝統的な宗教の書に手引きを見いだそうと試みるとき、私たちはしばしば失望させられます。それらはとても賢明で真実を語っていますが、現代の私たちにはしばしば共有できないものがあると確かに言えます。それらの書物は森羅万象を支配する神の存在について自信ありげに語り、神の意思を明らかにしてくれます。神の道に従えば幸せが約束され、神の道に背くなら災いがあると警告します。私たちはそれを読み、信じたいのですが、信じるのが難しいことに気づきます。また、しばしばこの教えは現実の経験と齟齬《そご》をきたしているように思えます。

聖書やそれから派生する本は、神の声をはっきりと聞くことができ、神の創造の業をあらゆるところに見ることのできる信仰者のために書かれているように見えます。それらは問題を抱える現代人の魂のために、また懐疑的な人、疑い深い人、途方に暮れている人のためには書かれていないように見えます。信心深い人は「聖書を読みなさい。そうすれば、そこに答えが見つけられます」と常に言っています。しかし、不安で落ち着かない人、生き方を探し求めている人、懐疑的な人がそれを読むと、自分たちの関心事とはかけ離れたことを語っている縁遠い本であると感じます。聖書の題目は自分たちの題目ではないように思え、その答えは自分たちの疑問に答えていないように思えます。それから他の多数の人たちにとても役に立ってきたものが、自分たちに語りかけているものでないと思われることに気づき、さらに不快に感じます。

聖書のなかの最も危険な書

とはいえ、聖書のなかには、他のあらゆる書とは異なる独特の一書があります。私は聖書全書〔ここでの聖書とはユダヤ教の正典で、律法、歴史書、預言書など全部で三十九書からなる。キリスト教では「旧約聖書」と称す」のなかで最も異質な書を読者に紹介したいと思います。その書がより知られれば、同時に聖書のなかの最も危険な書になるかもしれません。一部の人は、その書を危険であると考えました。それが「コヘレトの言葉」です。旧約聖書の後半に、わざわざはさみ込まれた十数頁の小さな書で、多くの読者はその書を見つけるところまでたどり着けません。しかし、その書を見つけて読まれた人は、書かれている内容に驚かされることでしょう。聖書全体を見わたしても他にはそのような書は見当たらないからです。神を疑い、善を行う価値に疑問を呈し、怒っている冷笑的、懐疑的な人物の著作です。彼は、この書の冒頭で、「すべての労苦も何になろう」と問いかけ、さらに次のように問いかけます。「一代過ぎればまた一代が起こり　永遠に耐えるのは大地」(コヘレトの言葉　一章四節)、「人間に臨むことは動物にも臨み、これも死に、あれも死ぬ。……人間は動物に何らまさるところはない」(三章一九節)、「善人がその善のゆえに滅びることもあり　悪人がその悪のゆえに長らえることもある。善人すぎるな、賢すぎるな　どうして滅びてよかろう」(七章一五―一六節)。

聖書のなかの他の書でこのようなことが語られているでしょうか？　聖書の他のほとんどすべての箇所は、私たちのあらゆる行為はささいなものであっても重大であると主張します。何を食べ、誰とベッドを共にし、どのように金を得、どのように使うかについて神は気遣われると言っています。コヘレトの言葉は、神は現実にそうしたことのどれも気にかけることはないと告げます。富める者も貧しい者も、賢者も愚者も、義人も悪人も、神の目から見ればみな同じなのだ、と。人はどのように生きようとも、誰もが歳をとり死を迎え、じきに忘れ去られます。人はいかように生きようとも重要ではないように思えます。

賢人たちが聖書正典の編纂のために会合し、古代のどの書を聖書に入れ、どの書を除外するか確定するために会合したとき、「コヘレトの言葉」をめぐって激しい論争があった、というユダヤの言い伝えがあります。多数の人はその書が不快であり、かつ彼らの信仰への脅威であると感じました。彼らは聖書からその書を除外するだけにとどまらず、若い無辜《むこ》の読者たちがその書に出会い、その書の異端信仰に導かれないように、完全に禁書にすることを望みました。しかし「雅歌《がか》」〔男女の愛の神秘を歌った聖書の一書〕のエロチシズムと「エステル記」〔聖書の歴史書の一つ〕の『千夜一夜物語』的な雰囲気についての困惑さえも克服したように、彼らは「コヘレトの言葉」の冷笑主義と懐疑主義をどうにか受け容れました。

古代の賢者をこれほど動揺させ、たまたま本書に出会った現代の読者をこれほど驚かすこの書とは何なのでしょうか？　その書を読み進め、理解することは容易ではありません。一つのまとまった調子があるものの、筋書きも物語もなく、かといってテーマの着実な展開もありません。著者はある話から別の話へと飛躍し、ときに、同じページのなかであることを言ったかと思うと、逆のことを言ったりして、一貫していません。この書のいくつかの節はよく知られています。たとえば、「太陽の下、新しいものは何ひとつない」「何事にも時があり……生まれる時、死ぬ時……」「日は昇り、日は沈み……また昇る」「あなたのパンを水に浮かべて流すがよい」などです。とはいえ、総じて容易には理解しにくい書です。

誰が「コヘレトの言葉」を書いたか？

私たちは、この書を書いた人物についてほとんど知りません。著者の名前、あるいは、千年もの長い聖書時代（聖書が編纂された時代）のいつ頃、彼が生きたかすらわかりません。著者はダビデ王の子孫、エルサレムの支配者であると自らを描いているため、本書は聖書における最高の賢者ソロモン王の作とされています。ユダヤの言い伝えは、ソロモンが聖書のなかの三つの書の作者だと主張します。彼は若き日に恋をしたとき、「雅歌」のなかの愛の詩を、成熟し生計をたてていくことに関心を向けたとき、「箴言」（聖書の一書）という現実的な知恵についての書を書きました。年老いたときに、「コヘレトの言葉」に見られる冷笑主義と虚無の感情を表明しました。一部の学者は、古代の賢人が疑惑を克服し、この書を聖書の中に入れたのは、ソロモン王がこの書を書いたとされていたからだと思っています。

ヘブライ語で「コヘレト」と表現される、この書の作者の名前すら、はっきりしていません。私たちが知るかぎり、コヘレトという名前のついた人物はこの他に誰もいません。文法的にも、個人の名前というよりも称号のように思えます（それは驚くに当たりません。たいてい古代の著者は、自分の名前を著書につけることをほとんどしませんでした）。ふつうは「集会を招集する者」「人々を呼び集める人」という意味に解釈されています。彼は教師で、金持ちの息子に現実的な生活の問題に対する準備をさせることで生計を立てていた聡明な男だったかもしれません。彼の本は悲観主義に満ちているにもかかわらず、若い人たちに自分の経験を語り、彼らを指導するだけでなく警告を与える人の語気が明らかにあります。

ソロモン王が本当にこの書を書いたかどうかはともかく（そこで使用されている言語は、ソロモン王よりずっと後の時代のものに思えます）、私たちがコヘレトとして知る人物が、本当に生きてきたと実感できずに、歳を重ね死ぬことへの恐怖に対処しようとする、熟年あるいはそれを過ぎた年齢の聡明な人物であることは明らかなように思えます。彼は人生に不朽の意味を与えるものを必死で探し求めているように思えます。

人生の年輪と共に書の理解が変わること

私は高校生の時に、「コヘレトの言葉」をはじめて見つけ、この書に一目惚れしました。当時の正統派の人間を攻撃し、偽善を指摘し、その時代に敬虔さと叡智として通っていた多くのものの浅薄さを暴く著者の勇気と誠実さがとても気に入りました。また人生についての彼の聡明な観察と人間性についてのシニカルな論評に心奪われました。それらは奥行があり辛辣で、聖書の大半の部分をもっともらしく保証するよりもずっと正直であるように思えました。当時、私には、コヘレトが自分のような人間、すなわちまやかしや愚かさの敵である理想主義的な若者、虚飾や見せかけの挑戦者に思えました。

コヘレトがたぶんこの書を書いたであろう人生の段階に達した今となって、高校生の時にどれほど彼をひどく誤解していたかを私は実感します。彼の書という鏡をのぞき込み、理想主義の青年という、自分自身を反映させたイメージを見ていました。けれども、著者は若者ではありませんでした。彼は人生の中間点を過ぎた、辛辣で疲れきった男でした。私は、陳腐さを指摘する彼の冷笑主義の先鋭さを理解しました。宗教を装ったまったくの欺瞞や甘い考えを暴露して彼が満足する様を理解しました。しかし、私が最初にこの書を読んだのが若すぎたために、いま読み直すと自分にとって大変明白である、この書に流れる恐怖の感情を完全に見落としていました。これはきわめて怯えている人物によって書かれた書です。

コヘレトは単なる聡明な教師にとどまらず、誰よりも正直で歯に衣を着せない人間です。彼は単に、うわべだけの言葉や偽善への敵対者であるだけではありません。いかに生きるべきかを知るまえに、死ぬことをひどく恐れる男です。これまで何もしてこなかろうと、これから何もしなかろうと、何の違いもないだろう、と彼は感じています。なぜなら、いつか死んで、そのとき自分はあたかも生きていなかったかのようになるであろうから、と。さらに死んだ後、跡形もなく消え失せるという恐怖をどう受けとめてよいのかわかりません。

「愚者に起こることは、わたしにも起こる。より賢くなろうとするのは無駄だ。……これまた空しい……。賢者も愚者も、永遠に記憶されることはない。やがて来る日には、すべて忘れられてしまう。愚者も賢者も等しく死ぬとは何ということか」（二章一五―一六節)とコヘレトは語ります。

コヘレトの究極の問い「人生にはどんな意味があるのか」

彼はこの書のなかで自分の人生の物語を書いています。成功と挫折について、成功しよう、ひとかどの者になろうと試みてきた人生の道のりのすべてについて書いています。そして「長い目で見て人生にはどんな意味があるのか」という疑問に対してなぜ答えが決して出てこないか、あらゆる理由について書いています。「コヘレトの言葉」は、聖書のなかで最も私的な書と呼ばれてきました。預言者や聖書のその他の著者は、ときには彼らの人生、業績、経験について私たちに告げます。しかし、コヘレトのようなやり方で、自分の最も奥深くに潜む恐怖、挫折感を私たちに語る者は他にはいません。

コヘレトは明らかに多才な人物でした。若き日に金儲けに手を染め、実際に財を成しました。「大規模にことを起こし、多くの屋敷を構え、畑にぶどうを植えさせた。……かつて……住んだ者のだれよりも多く……財産として所有した」(二章四―七節)と彼は記します。

しかし、彼は富が問いの答えにはならないことを悟ります。自分の金は、手に入れた時と同様、あっけなく喪失し得ることも理解します。また、彼が死ねば、その財を成すために汗を流したこともない別の人物が富を継承することになります。彼は、金持ちが自分の富を愚かにも散財し、さらに彼らが病気になり、全財産を以てしても和らげることのできない惨めさのなかで晩年を過ごすのも見てきました。

「太陽の下に、次のような不幸があって、人間を大きく支配しているのをわたしは見た。ある人に神は富、財宝、名誉を与え、この人の望むところは何ひとつ欠けていなかった。しかし神は、彼がそれを自ら享受することを許されなかったので、他人がそれを得ることになった。……人が百人の子を持ち、長寿を全うしたとする。しかし、長生きしながら、財産に満足もせず　死んで葬儀もしてもらえなかったなら　流産の子の方が幸運だとわたしは言おう」（六章一―三節）。

多くの金持ちの若者と同じように、コヘレトは快楽、酒、乱痴気騒ぎに、また金で買えるその他すべての気晴らしを試すことに没頭します。「わたしはこうつぶやいた。「快楽を追ってみよう。愉悦に浸ってみよう」。見よ、それすらも空しかった。……酒で肉体を刺激し、愚行に身を任せてみようと心に定めた。目に望ましく映るものは何ひとつ拒まず……。……快楽に対しては、何になろうと言った」（二章一、三、十、二節）。若い時分には、快楽にうつつを抜かして時を費やしても平気でした。すべての若い人々と同じく、何といっても彼には無限の時があり、目の前に延々と広がる年月がありました。だからそれらの一部を浪費する余裕もありました。しかし、歳を重ね、自分に残された時が貴重なものになるにつれ、絶え間のない楽しみの人生は、自分の人生に意味あることを行うという挑戦から逃避するひとつの手段にすぎないことがわかるようになります。楽しみを持つことは人生にスパイスを添えることにはなり得ても、メイン料理にはなり得ません。そうした人生が終われば、永遠に価値あるものは何も残らないのですから。

時と共に忍び寄る不安

かつて年配者を凌駕できる自分の強みの源であった「時」は、いまや自分の敵となります。時を使い果たしつつあることを彼は実感しはじめます。コヘレトは、「何事にも時があり　天の下の出来事にはすべて定められた時がある。生まれる時、死ぬ時植える時、植えたものを抜く時……泣く時、笑う時　嘆く時、踊る時」(三章一―四節)という忘れ難い一節を私たちに与えます。いまやこの熟年の著者は、よい時代は過去のものになり、自分に起きるべきよいことはすでに起きてしまっているので、前途に待ち受けるのは、ほとんどが涙を流し、悩み苦しむ時ではないか、ということをうすうす感じはじめています。ジョアン・グリーンバーグ(一九三二年生まれ。アメリカの小説家)は、コヘレトの言葉に因む題名の短編小説(*Things in Their Season*)を書きました(短編集『重罪と軽罪』(*High Crimes and Misdemeanors*, *Holt Rinehart & Winston*, 1980)のなかに収録)。彼女の小説のなかで、とあるグループは、政府が私たちの所得に課税しているのと同様、時間にもひそかに課税していることを偶然知ってしまいます(やはり、「時は金なり」です)。自分の時間が貴重であればあるほど、ますます高額課税者の部類に入れられます。これが、どれほど仕事の能率が高くとも、忙しい人には十分な時間が決して持てないと思える所以です。このグループが死の瀬戸際にいる、敬愛する教師を延命させようと、政府の倉庫から時間の積荷を強奪するという話です。しかしコヘレトにとって、自分の生きる日々を先延ばしするように時間を盗む手だてはありません。

自分が暇人であることに気づき、乱痴気騒ぎの日々から足を洗い、人生の意味を理解しようとコヘレトは努力し、学問へと転じます。過去の最も聡明な賢者たちの記したすべての書のどこかに彼が探し求めている答えがあるに違いありません。そろそろ読者は彼がその探求に切羽詰まっている様子を感じ取ります。彼はもはや若者のように知的な好奇心から「人生に意味があるのか?」と尋ねていません。彼は、「私の、私の人生にどんな意味があるのか？」と尋ねているのです。自分の人生がじきに終わるかもしれない、そして自分の人生には何の意味もなかったということになるかもしれない、という恐ろしい可能性を意識しはじめたからです。その探求が彼を袋小路に迷い込ませたとき、彼は失望ではなく、つのる絶望感で答えます。すべてのなかで最も挫折を感じさせる事実とは、死があまりにも早くやってきて、これまでの人生でそのために苦労したすべてを消し去るかもしれないということを認識することです。

彼は、「賢者の目はその頭に、愚者の歩みは闇に」(二章一四節)というよく知られている格言を検証することに乗り出します。しかし、賢者が実際、より明確に物事を理解できるにせよ、彼の目に映るものは人生の無意味さであることがわかりました。賢ければ賢いほど、ますます不公正、不正義、悲劇が見えます。彼は年老いて、いまや死の陰が意識のなかに忍び込み、すべてのものから意味を奪いはじめています。死んで消え去ることに対し自分を守ることができないなら、よいことを行うことに、どんな意味があるでしょうか？　自分が賢く隣人が愚かであったにせよ、また自分が正直で隣人が不道徳であったにせよ、どんな違いがあるでしょうか？　いずれにせよ、私たちの人生には同じように終わりがやって来ます。どんな人間であれ死んで忘れ去られます。私が学んだことのすべて、私のなした善行のすべても、私と共に死ぬことでしょう。

生きる究極の意味に人が飢え渇くとき

財産や快楽も、それらが束の間のものであるがゆえに、永続的な意味をコヘレトの人生に与えることができず、今日あるものが明日には消え去るなら、学問について何を言うことができるでしょうか？　人間の精神はとても脆《もろ》い。死のみならず、老齢、脳卒中、認知症もまた学んだすべてのことを消すことがありえます。コヘレトは恩師たちが歳を重ね、そのすばらしい才能も色あせて、気むずかしく、忘れっぽい年寄りになるのをよく目にしたかもしれません。では人は何の目的のために聡明になろうと力を尽くすべきでしょうか？　金持ちは死んでしまえば自分の財産を失いますが、賢者はもっと早く自分の知恵を喪失してしまうかもしれません。

残されている可能性が一つだけあります。コヘレトがこの可能性を試みるのをためらっているのは、万一失敗したなら、何の希望も残らなくなるのでは、と恐れるからです。そうであれば人生が実際に空しく無意味である、と結論づけねばならなくなるでしょう。この絶望的な最後のサイコロの一振りを投げながら、ますます不安をつのらせ、コヘレトは心を神に向けます。自分は敬虔な人間になると言います。自分の宗教の教えすべてに従い、純粋な魂に約束されている心の平安や静穏を求めている、と。苦闘と葛藤の人生を振り返り、不確かな未来の行く手を見つめる多くの同年配の男女と同様に、熟年のコヘレトは信心深くなります。そしていままでそれを追求するにはあまりに忙《せわ》しく、あまりにも世慣れすぎていた彼は、精神を探求する時を見いだします。

しかし、宗教もまた彼を見捨てます。最高水準の敬虔さをもってしても死や死の恐怖、あるいは死がもたらす忘却から、自分を守ることはできないことを知ります。どれほど正しく生きようと、「私の人生はいかに価値があり、賞賛に値するかをご覧ください。私が死んで忘れ去られるよりも、生き続けるべきだというのがあなたの最善の利益ではありませんか？」と神に言うことができ、神と交渉することなどできるはずもありません。

それでは答えは存在しないのでしょうか？　人生に意味を求める私たちの欲求は、「口なし蛾」と実際のところ違わないある生物種が抱く甘い考え、もったいぶった傲慢にすぎないのでしょうか？　われわれは、種の保存のために、ほんの短い瞬間、地上に置かれ、そして次世代がまた生殖行動をして死んでいくのに邪魔にならないよう去っていくように定められているのでしょうか？　神は満たすことのできない渇き、生きる意味や意義への渇望を私たちの内面に植えつけられたのでしょうか？

コヘレトが書を書いた意図とは？

コヘレトはずっと昔に、自らの失望や挫折を私たちと分かち合うためにこの書を書きました。彼のように財産、知恵、快楽、はたまた信仰心が自分たちの人生を意味のあるものにするという幻想を抱いて生き、限りある時間を浪費すべきでないことを私たちに警告するためです。彼は道を一つ、また一つと進んでは袋小路にぶつかり、自分の生きられる歳月、選べる選択肢が底を尽きつつあることを理解しはじめながら、一つの絶望感と共に自らの物語を私たちに語ります。しかし、彼は自らの挫折を表明し、私たちに冷水を浴びせるためだけにこの書を書いたのではありません。最後に彼は人生の意味への答えを得ます。しかし、それは彼が以前に突き当たった袋小路と失望を分かち合える人だけに意味のある答えです。それがなぜ答えを物語の書き出しではなく、締めくくりに提示するかの理由です。

ハシィード派（「敬虔派」とも呼ばれるユダヤ教の宗派）のある物語には森の散策に出かけて迷子になった男の小話があります。彼は町に戻る道を見つけようと何時間も一つの小道から別の小道へと道を探し回りましたが、どれも元の町に戻れる道ではありませんでした。やがて、森の中を歩いている別の旅人に思いがけなく出会いました。彼は「ああ、よかった。人に出会えて。町に戻る道を教えてくださいませんか?」と叫びました。するとその男も、「私も道に迷いました。しかし、私たちはこんな具合に互いに助け合うことができます。どの道を試してダメだったかを互いに話すことができます。そうした会話は、私たちが抜け出せる道を見つけることに役立つでしょう」と答えたといいます。

私たちはコヘレトの出した結論を理解できるようになる前に、私たちに警鐘を鳴らすために彼が書いた間違った小道や袋小路に同道しなければなりません。コヘレトがひどく苦しみ、大きな挫折感を抱いて抜け出せない迷い道を歩いたときのように、私たちもどの道が間違っているかを知るとき、目指す道を見つけ、その道を進むための心構えをよりいっそう整えることができるでしょう。

3章

自分の利益だけを追い求める人間の孤独

生きる意味へのファウストの根幹的な問い

もしあなたが際限なく生きられ、何でもすることができ、どこにでも行け、自分のしてほしいことを行わせるように誰にでも命令できるなら、あなたは幸せになれるでしょうか？　人生に永続的な意義や満足を与えるように、そうした力をすべて使うことができるでしょうか？

自分の魂を悪魔に売り渡す男の物語である世界的な古典文学の一書、ゲーテの劇詩『ファウスト』は、その問いに焦点を絞ります。劇詩の主人公ファウスト博士は、人生の真の意味を知ろうとする願いをほぼあきらめた熟年の学者、科学者です。彼は、称賛され立派な教育を受けた人間ですが、心から活き活きと生きているとはどんな思いなのかを決して味わうことなく、人生の終焉に向かうのではないか、という不安を感じはじめています。そのために、彼は、悪魔と向こうみずな取引をします。「ときよとどまれ。お前は実に美しい」と言わずにおられなくなるほどの充実感を感じることの世のほんの一瞬と引き替えに、来世の自分の魂を与えることを約束したのです。

ドイツの詩人ゲーテは、傑作『ファウスト』を書き上げるのに全生涯を費やしました。彼自身の人生に意味を与えることになる不朽の文学的傑作、人生の意味についての一大声明書となる作品にしようとしました。二十歳でこの劇詩を書きはじめ、他の創作課題のために執筆を一時棚上げにし、四十歳で執筆を再開し(熟年の域に達し書かずにいられなくなった心境を私たちはうすうす理解できるのではないでしょうか?)、死の間際の八十三歳で作品を完成させました。ゲーテが特定の詩行を書いたとき、何歳であったか確信が持てるわけではないものの、この物語の始まりから終章に至るまで、人生で何をしたいかについての主人公の考えが、どう変わるのかを見ていくことには、ひどく興味をそそられます。

劇詩の冒頭で若きゲーテによって描かれた熟年ファウストはあらゆることを体験し、際限なく生きたいと望みます。あらゆる本を読み、あらゆる言語を話し、あらゆる快楽を味わうことを望みます。さらに人間の制約を超越する神のようになりたい、と思います。そこで悪魔は、富、権力、どこにでも旅することができ、自分が欲するすべての女性に愛される能力など、あらゆるものを与えます。ファウストはそのすべてを手に入れますが、それでも依然として幸福ではありません。どれほど多くの富を手に入れ、どれほど多くの女性を誘惑して手に入れても、彼のなかには満たされない渇きがあります。

その劇詩の終章に至るまでに作家ゲーテは八十歳を超えており、作品の主人公ファウストも彼と共に年老いました。闘いに勝利したり、若い魅力的な女性を惹きつけたりするかわりに、ファウストはいまや人々が暮らし働き続けるために、海を干拓して堤防を築く仕事をしています。際限なく物事を予見し、統御できる力ある神のようになろうとはせずに、海を陸地から隔て、植樹をし、人々をそれらに取り組ませる創造の神のようになっています。いまやはじめて彼は「ときよとどまれ。お前は実に美しい」と言える境地になっています。

人生を競争と見なす生き方

若いとき、私たちは自分自身の成功を追い求めます。どれほど自分がすぐれた人間であるのかを見きわめようとします。男性が自宅を売り、新しい任地に引っ越し、妻や子供たちに新しい友人、新しい学校に適応することを求めるのは、仕事での昇進がそれを要求するからです。大学の運動選手はプロ・チーム入りを試みるために卒業を延期します。それは金銭面で割が合うことになるかもしれませんし、ならないかもしれませんが、人生のこの段階において挑戦をせずにすませることは困難です。私たちを誘惑するのは、成功による報酬だけではありません。成功自体が報酬だ、という考えです。私たちはどれほど自分がやれるのかを突き止めたいのです。

事態はやがて変化します。人生を競争であり、勝利それ自体を目的と見なす代わりに、成功を目的の手段と見なしはじめます。「どれほど高い目標にたどりつけるか？」と問う代わりに、「このことにより、どんな種類の人生が自分にとって可能になるだろうか？」という観点から考えはじめます。魅力的な若い女性が自分の生き方を、どれほど男性に人気があるかという物差しで考えることを止め、相手の男性がどんな夫や父親になるのか、その男性とどんな家庭を持ちたいかと自問しはじめます。がむしゃらに働いてきたビジネスマンが、次なる出世街道を進むことよりも、自分が好ましく感じられる生活に移行することに、より関心を持つようになります。

コヘレトの遍歴してきた生き方は、このようなものだったのだろうと想像できます。当初、聡明で野心家だった彼は、金儲けに乗り出しました。えてしてそうした人間が行いそうなことです。彼は事細かには語りませんが、人生でかなり楽々と、早々とたくさんのお金を儲けました。「……多くの屋敷を構え、畑にぶどうを植えさせた。庭園や果樹園を数々造らせ　さまざまの果樹を植えさせた。……買い入れた男女の奴隷に加えて……かつて……住んだ者のだれよりも多く　牛や羊と共に財産として所有した。金銀を蓄え　国々の王侯が秘蔵する宝を手に入れた」（コヘレトの言葉　二章四―八節)。

彼はおそらく人の望み得るあらゆるものを持てたように見えます。その偉業には際限がないように思えます。途方もないほど金持ちで、まぶしいほど知性的です。それでは、なぜ、なにか欠けているものがある、と感じ続けるのでしょうか? こういった成功自体のなかに失敗の芽が潜んでいるのではないのでしょうか? 人生の第一幕に達成感を感じさせ、喜ばしいものにさせるこの前向きの努力には、第二幕を必然的に失望させるものにしがちな何かがあるのでしょうか?

人生の目的を「勝つこと」と見なせば、他の人は自分たちの幸福を脅かす競争相手と見なさざるをえなくなります。私たちが「勝利」を収めるには、他の人たちが「敗北」しなければなりません。人の失敗は自分の成功に必要な材料の一つとなります。競争状況のなかでは、それが高校でのさまざまな仲間同士のつきあう活動の場であれ、野球のペナントレースであれ、敗者が生まれてはじめて勝者が生まれます。勝者になろうと奮闘する誰もが、他の人たちに対抗しなければならなくなります。相手が倒れるにつれ、自分は高い立場に上がれます。しかし、そうした処世観はある結果をもたらします。

次の二つはこのことを例証する実話です。あるアメリカ人観光客がインドに来たとき、たまたま聖なる山への巡礼が行われる日でした。何千人もの巡礼者が山頂めざして険しい山道を登っていました。日頃からジョギングをし、精力的に運動に励んできたその観光客は体調がよいと思ったので、巡礼登山に参加し、この経験を人々と共にすることに決めました。二十分後、彼は息切れし、脚を上げることがほとんどできなくなりました。ところが赤子を抱える女性や杖をついた虚弱な老人たちは楽々と目の前を通り過ぎていきました。「理解できない。私が登れないのに、どうしてあの人たちは登れるのだろうか？」と彼はインド人の道連れに言いました。「何事も腕試しと見なす典型的なアメリカ人の習性をあなたが持っているせいですよ。あなたはあの山を敵と見なして、山を敗北させようとしています。当然ながら山は反撃し、あなたより強いのです。私たちインド人は山を打ち負かすべき相手と見なしませんよ。私たちが登る目的は山と一体になることです。そうすれば、山が私たちを持ち上げてくれ、山頂へと運んでくれるのです」と道連れは答えました。

もう一つの実話です。私よりいくらか年長の友人の牧師は、きわめて個人的な識見を語ってくれました。彼は歳をとって重要な説教を行うように招聘されなくなった頃、なにか異例の感懐が生じるのを実感しました。その感懐とは、多くの信徒を抱える親友や同僚たちを見るとき、彼らが亡くなるか、あるいは醜聞にまみれることで、空きポストができて昇進の道が開けるのではないかという思いに、もはや自分がとらわれなくなったことがわかったことでした。彼はそういう目で同僚を見ていると気づいたことはありませんでしたが、出世と自らの職業で何かを達成することへの関心が、聖職者仲間を自分の幸せにとっての障害と見なすように彼を導いてきたのです。つまり、自分の成功は競争相手の悲劇の後にはじめて到来する、と。何年もの間、こうした感情のために彼は同僚に対し、真に友好的になれず、垣根をなくすことが困難であり、少ない信徒を抱える教会に長所があるのにもかかわらず不満を持っていました。孤独で嫉妬深く、きびしい人間に変わっていました。説教はきびしく断定的であり、愛や喜びの主張は影を潜め、自分の不遇のために他人を責めていました。そんな彼がもはや自分が競争意識にとらわれていないことに気づきます。同僚を友人として迎え入れることができます。若い牧師の非公式な相談相手として役に立ち、信徒たちを自分の失敗や昇進できなかったことの象徴と見なすのではなく、自分の愛と思いやりを注ぐにふさわしい存在として受け容れることができます。周りはなにも変わってはいませんが、彼自身のなかでなにかが変わりました。そして残された現役の牧師職の年月を実り多くかつ満足できるものとして、楽しみにすることができます。

命令と服従の垂直関係と愛の水平関係

コヘレトは、自分にとっての富が可能性の象徴であり、選択肢と快適さに満ちた人生を意味したがゆえに、富と成功を手に入れるために働きました。富を持つ余裕がなければ何事もうまくやっていけないことを知っていたからです。ファウストは富と成功を渇望しました。彼にとってそれらは、他の人々に力をふるう手がかりだったからでした。十分な富と影響力があれば、自分の思いどおりに人生における物事をお膳立てすることができ、人生は好ましいものとなると彼は信じていました。そうした考えには二つの間違いがあります。

第一に、そのような大きな力は誰にも持てません。世界はあまりに複雑で、あまりにとらえどころがないからです。起きることすべてを統御することは、できません。バーバラ・タックマン〔一九一二―八九年。アメリカの作家、歴史研究者〕は、著書『愚行の世界史(*The March of Folly*)』で、指導者や国家が、自分たちが救いようのないほど間違ったことをしていることが明らかである状況において、馬鹿げた行動をするのはなぜなのかという問題を検証します。ローマ皇帝や中世のローマ教皇の腐敗、ナポレオンやヒトラーのロシア侵略、アメリカのベトナム戦争などの愚行が繰り返し起きる理由の一つは、十分な力があれば自分の意思を他人に押しつけることができ、自分が望むことはなんでも行うことができるという考えです。入れ代わり立ち代わり、権力者の誰もが、圧倒的な権力をもってしても完全な支配を保証するに足るものではないことを思い知ります。

第二に、富と権力を追求し、その権力を行使することで、他の人はあなたから離れていきがちになります。富の追求は多くの人を協力者ではなく競争相手という観点から人生を見るように導くばかりではなく、成功者による権力の行使は人間関係を難しくさせます。もしあなたが常に自分を喜ばそうとしている人を愛するなら、自分のして欲しいことを相手の人がしているだけだからであり、それは愛とはいえません。自分自身を愛する回りくどいやり方です。権力も水のように高位の人間から下位の人間へと流れます。愛は相手を対等と見なし、相互に充足し合える人間同士の間にあってはじめて生まれます。命令する人と従う人がいるところには、忠誠と他人への感謝はあっても愛はありません。

偶像崇拝の罪

聖書のなかで偶像崇拝の罪は、単にかたどられた像にひれ伏すことだけの問題ではありません。偶像崇拝とは、自らの手になる仕事をあたかも神聖なものであるかのように扱い、価値と創造の最高の源泉として自分自身を崇拝することです。モーセの十戒の第二戒は「あなたはいかなる像も造ってはならない」です。ある注釈者はそれを「あなたは自分で偶像を造ってはならない」ということではなく、「あなたは自分を偶像として崇拝してはならない」ということを意味する、と解釈します。あなたが生きている世界とそのなかで生きている他の人々を統御する十分な力が自分にあると信じて、自分自身を崇拝の対象にしてはならないということです。

他者を必要とする人生、しない人生

フランス人哲学者であり、実存主義として知られる、きわめて個人主義的な学派の創始者であるジャン＝ポール・サルトルは、かつて「地獄とは、他者のことである」と書きました。サルトルは非常に聡明な人間ではありますが、この時はとても愚かなことを言ったものだと私は思います。他者は私たちの人生を複雑にしますが、他者のいない人生は耐え難いほど惨めです。野生のチンパンジーを長年研究してきたある一流の文化人類学者は、かつてこう書きました。「一匹のチンパンジーは、チンパンジーとはいえない」と。つまり一匹のチンパンジーは、他のチンパンジー仲間のなかにいて、はじめて本当のチンパンジーになることができます。動物園のなかで自然と隔離されても、生きのびることはできますが本当のチンパンジーになることはできません。リチャード・リーキー博士〔一九四四年生まれ。ケニアの古人類学者〕が、チンパンジーについてその自然の生息地で研究したのと少なくとも同じくらい長く、私は人間を観察してきました。ですから、私は「一人だけの人間は、人間とはいえない」と彼の所見を言い換えたいと思います。私たちの誰一人とて、他の人といっさい交わりを絶っては、真の人間になり得ません。私たちを人間らしくさせる特質は、私たちが他の人間とつながりを持つなかではじめて現れます。

地獄とは「他者」のことではありません。地獄とは成功を求めてあまりにもかけずり回って、他者との人間関係を壊してしまい、人が自分になにをしてくれるのかという視点だけで人を見るようになってしまうことです。この世界での無限の力を求めて自分の魂を悪魔と取引し、その無限の力のなかで非常に孤独になってしまうファウストのことを私は思い出します。彼にとって地獄とは、すべてを手に入れても、依然として十分ではないことがわかるという孤独な状態のことです(私たちは欲しいと思ったものを手に入れる過程で一部の魂を失ってまで悪魔と取引をするでしょうか?)、私はぜいたくな境遇で召使いたちに囲まれ、自分はすべてを手に入れたにもかかわらず、なにかが欠けていると感じるのはなぜか、という問いに当惑したコヘレトのことを思い出します。ハワード・ヒューズ(一九〇五―七六年。アメリカの大富豪、映画製作者)やリンドン・ジョンソン(一九〇八―七三年。アメリカの第三十六代大統領)が自分の意のままに人を操るエキスパート、権力を行使する達人であったのに、晩年には、自分を愛してくれる人がほとんどいないのはどうしてなんだろうか、といぶかりながら、雇われた召使いとご機嫌取りばかりに囲まれた孤独な老人に終わったことを思いおこします。

他の人間(雇い人、仲間、子供)に権力を振るえる立場にいることは束の間、喜ばしいことかもしれませんが、長い目で見れば決してそうではありません。究極的にはそれは人を孤独にします。命令をし、見返りに恐れと服従を受け取ります。感情的に健全な人が、恐れと服従を日常の糧として生きることができるでしょうか？　人々に恐れられ、自由な気持ち、愛の気持ちからではなく、不機嫌な気持ちでいやいやながら服従してもらいたい人がいるでしょうか？

人間関係をとらえるブーバーの二つの視点

二十世紀の重要な神学者マルティン・ブーバー(一八七八―一九六五年)は、他者との関わり方は二つの形のいずれかをとることを教えました。自分になにをしてくれるかという視点だけで他者を考え、客体と見なす「我—それ」か、自分自身と同じように他者の欲求や感情を意識し、他者を主体と見なす「我—汝」の二つです。ブーバーは、自身の人生を変え、こうした見方を形成するように自分を導いた出来事の話を語っています。幼いときに両親が離婚し、彼は農家の祖父母と暮らすことになりました。家畜に餌をやり、家畜小屋を清掃し、さらに馬の毛づくろいをしました。ブーバーが十一歳くらいのある日のこと、特別に好きだった馬の世話をしていました。彼はその馬に乗ったり、毛づくろいをしたり、餌を与え、しばしば、特別なごちそうを持っていったりすることが大好きでした。同様に馬も、餌を与えたり櫛《くし》でたてがみをとかしてくれる少年に反応し気に入ってくれているように思えました。ブーバーが馬の首をなでていたとき、不思議な感情に襲われました。十一歳の少年として馬を軽く叩くときに抱く感じを理解できただけでなく、馬を愛していたので、少年に軽く叩かれている馬がこのように感じているだろう、ということも理解できたのです。自身の魂の境界を超越し、もうひとつの魂が体験していることを知ったその瞬間の喜びは、自分の意思を他の誰かに実行させる力の意識よりも、はるかに満たされたものでした。後年、ブーバーはその時の思いに基づいて彼の神学のすべてを構築しました。

力の神と愛と関わり合いの神の概念

聖書は神の二つの対照的な顔を私たちに示します。ときに、神はソドムを破壊し、エジプト人のうえに災難を雨のように降らせ、紅海を真っ二つに裂くように命じる「力の神」です。ときに、神は病める者を見舞い、奴隷にされた人に希望を差し出すあわれみ深い神、「愛と関わり合いの神」です。私たちはそれらの物語を読み、当然ながら面食らいます。愛と力は両立し得ないからです。あなたは誰かを愛し、自分らしく生きる機会と権利を与えることができます。さもなければ、相手のためであるか、あなた自身のエゴの増進のためであるのかはともかく、相手を支配し、自分の思いどおりに人を行動させようとします。しかし、あなたは同時にこの二つを行うことはできません。他人が自分の望んでいることをさせてくれ、自分を強く賢いと感じさせてくれるからといって、その人を高く評価するとしたら、それは愛ではありません。それはその人の独自性を認識せずその人の有用性にのみ着目することです。あなたは、その人を同じように言いなりになる他の誰にも代わりをさせることができ、それはあなたにとってなんらの違いがないということです。誰かを、自分のような人間であり、自分の意思の延長であるからといって愛するのは、本当の愛ではありません。自分自身を愛する、ただの回りくどいやり方です。

ときに神の力は、神を愛することへの妨げに思えます。神を恐れているから、怒らせたくないから、あるいは、神の力に圧倒されているのであえて挑戦をしない、といった理由で私たちが神に従うなら、神は私たちの服従は得られても、愛は得られません。愛し愛されるためには、神は私たちに選択の余地、自分らしい人間になる機会を与えねばなりません。神はすべての力を独り占めし、私たちになにも残さないというわけにはいきません。神と人との契約は、全能者が律法を定めたという事以上のものでなければなりません。二つの自由な当事者間で、束縛を受けずに交わされる契約である必要があります。

妻に裏切られた夫として神を描くホセア〔前八世紀。イスラエル王国の預言者〕とエレミヤ〔前七世紀から前六世紀の初頭。ユダ王国の大預言者〕の預言書のいくつかの章句を思い出します。そのひどく大胆な章句は、ただ恐れから神に従うのではなく、真に神を愛する人々を待ちわびる孤独な神、民のために気遣われてこられた神を愛さない彼らを深く悲しまれる神を描いていると言ってもよいものです。「わたしは、あなたの若いときの真心　花嫁のときの愛　種蒔かれぬ地、荒れ野での従順を思い起こす」〔エレミヤ書　二章二節〕、「……わたしはイスラエルにとって荒れ野なのか。深い闇の地なのか。どうして、わたしの民は言うのか。「迷い出てしまったからには、あなたのもとには帰りません」と」（二章三一節）。神は唯一の存在です。唯一であるがゆえに、神を愛する者がいないなら、また、神を愛する者が現れるまで神は孤独です。

もし私たちが自分たちを、神の似姿にかたどられたものと見なし、私たちのなかの神のイメージは、私たちが完全な人間になるとどのようになるかを表したものと理解するならば、力を持った孤独な神と、それとも、人と関わり合う優しい神のどちらを求めるべきでしょうか？

神概念を進化させること

イスラエル人たちは、聖書とそれを生んだ文化の最も古い段階において、彼らの知っていた中近東世界の専制君主のイメージ、エジプトのファラオ、アッシリアやバビロニアの帝国の王たちのような、法を作り執行を停止し、帝国臣民の生殺与奪の権限を有する絶対君主というイメージで神を描いたと私は思いたいです。やがて、宗教についての彼らの理解は成熟しはじめたと考えたいです。彼らは、権力は絶対的な善でないことを悟り、絶対的な権力を行使する者は他の人たちより優れた者ではなく、むしろ劣った者であり、残忍で独断的、嫉妬深くて疑い深く、恐れを抱かせはしても決して愛の気持ちを抱かせない者である、と見なすようになりました。彼らは神をもはや絶対君主のように描くことができなくなりました。私たちはすでにノアと洪水、ソドムにおけるアブラハムの物語のなかで、神を崇拝しないからではなく、互いに対し邪悪であったがゆえに、罰した神のことを理解しています。神について語る預言者は、神の祭壇に犠牲を捧げるよりも、人々が互いに思いやりをもつことが神にとってより重要であると語ります。「力の神」というイメージが完全に忘れられたわけではありませんが、ちょうど神が私たち一人ひとりを気遣われるように人々が互いを気遣うことを基礎として、人間味ある世界を構築する任務を私たちと分かち合うという神のイメージによって、そのイメージは影が薄くなっています。神は己の利益を求めません。神は自らのことを後回しにする人たちの幸福を気にされます。律法と預言書の両者、旧約聖書と新約聖書の両者においても、神は貧しい人、悲しみに心痛める人に特別な関心を向け、金持ちや成功者にある種の疑念を抱いています。しかし、それは貧しいことが善であり、豊かであることが不道徳であるからではありません。貧しい人、病気で苦しむ人が、お互いを必要とし、同じような境遇に属していることをより容易に理解できると思えるからです。彼らは傷つきやすく、自己満足に陥らない傾向があり、そのことにはどこか深く人間的なものがあります。

私たちもまた祖先が体験したのと同じ進化の過程を辿り、権力や成功を崇拝することから、助け合いや思いやりのある関係を理想化することに至らねばなりません。私の師アブラハム・ヨシュア・ヘシェル〔一九〇七―七二年。ユダヤ人宗教哲学者、思想家〕は、かつて「私が若かった頃、聡明な人間を賛美した。歳を重ねたいま、私は思いやりのある人間を賛美する」と言いました。

アルフレッド・ノーベルの後半生の生き方の選択

成功を遂げることはなんら悪いことではありません。教会、大学、美術館、医学研究のどれも、成功した人々が彼らの成功の果実を分かち合う気前の良さに依存しています。さまざまな物事に影響を与える十分な権力を持っていることは、何ら悪いことではありません。これに反して、無力感や挫折感を持っている人々は自らの影響力の効果をわかっており、それを賢明に使うことのできる人たちよりも社会にとっていっそう危険です。そのような人たちは自分たちの言い分を真剣に受け止めてもらおうと自暴自棄の行動に走るかもしれないからです。しかし、他の人たちを切り離すようなやり方で、ひたすら富と権力を追求することはおおいに間違っています。それは、負けることよりもさらに悪いことが唯一、勝つことであるという立場に私たちを追いやるかもしれないからです。

人文科学と自然科学の業績に対する最高の栄誉であるノーベル賞の創設の裏に一つの物語があります。スウェーデンの化学者アルフレッド・ノーベルは、従来より強力な爆薬を発明し、爆弾を作る各国政府に製造方式の使用実施権を許諾することによって富を築きました。ある日、ノーベルの兄が亡くなり、ある新聞が兄ではなく、誤ってアルフレッドの死亡記事を掲載してしまいました。記事は彼をダイナマイトの発明者であり、軍隊に新しいレベルの大量破壊手段を装備させることを可能にしたことによって富を築いた人物と見なしていました。ノーベルは生前に自分の死亡記事を読むという他に類を見ない機会を持ち、自分は何によって記憶されるかを理解しました。

彼は自分が死と破壊の商人として記憶される人物であるとされたことに衝撃を受けました。そこで自分の財産を元手にして、人類に恩恵をもたらしたさまざまな分野での功績に対する賞を創設することにしました。そして今日では彼は、爆薬の発明者としてではなく、設立した賞のゆえに記憶されています。最も「成功を遂げた」時期、ノーベルは人生と友情を敵に回し続けていました。やがて、それが自分の人生を生きた証のすべてであったなら、何を後世に残すのかということを彼は悟り、人生の終章において、これまでとは違う方向に向かいました。

競争意識過剰の問題

近頃、「我が身のことだけを考えよ」をテーマにする本がたくさん出ています。それらの本は、世の中は厳しい競争の世界であり、成功する唯一の方法は情け容赦なく他人の弱みをうまく利用することである、とほのめかしています。それらの本への私の異議は、その道徳性に賛成できないということだけではありません。いったいなぜそうした考えに感服させられる人がいるのでしょうか？（哲学者ニーチェはかつてこう言いました。「道徳とは、強いことは悪である、と羊が狼を説得する陰謀である」。）「我が身のことだけを考えよ」という哲学に私が異議を唱えるのは、その考えでは物事がうまくいかないからです。他人の弱みにつけ入り、他人を利用し、誰に対しても疑い深くなりなさい、そうすればあなたは皆を追い越して成功し、追い抜いた人を笑いものにしながら見下げることができるでしょう、とこの哲学は言います。しかし、そうなったら、あなたはどういう立場になるでしょうか？　あなたは、すっかり孤独な人間になることでしょう。

最近数年間、多くの講演をし、旅を重ねながら気づきました。全米三十八州、さらに海外六カ国で講演をしてきました。しばしば、講演の前に地域有力者の自宅での夕食、あるいは、講演後の歓迎会に招かれます。たいていのそうしたひととき、主催者はとても親切でその集いは楽しいものです。しかし、ときおり、そうした場面で居心地が悪く感じることがあります。ある晩、やっとなぜかがわかりました。ある人たちがトップの座に就くには、競争心が旺盛でなければなりません。彼らはひとたび目的を達成すると、競争の習慣をやめることが難しくなります。私と打ち解けて談笑することができません。自分がどれほど成功しているかを話し、知り合いの重要人物の名をそれとなく口にすることで自分に一目置かせねばならないと感じています。ときに、彼らは私以上に私の扱う主題をよく知っていることを示そうと、知的な議論を始めます。そのような折々、私は、彼らがなぜそれほど競争的でなければならないと感じるのか、なぜ自分の家に招待した客を挑戦相手と見なして応答しなければならないのか、と当惑します。さらに、彼らが成功のために支払った代償の一部は――悪魔との取引の一部と言えるかもしれませんが――友人を敵対者に変えようとし続けることではないだろうかと思います。

団塊の世代が育った背景

今の三十代半ばから後半〔原著の刊行は一九八六年。二〇一七年現在、六十代後半〕の団塊《ベビーブーマー》の世代の人間が、私利追求の道徳に魅力を感じるかもしれないことを私は理解できます。彼らの多くにとって、その子供時代は、定員過剰で二部授業の学校、郊外の仕上がっていない新しい宅地といったように、彼らを受け容れる用意ができていませんでした。彼らの学生時代や青年期は、激動のベトナム戦争の時代でした(ベビーブームの始まりの一九四八年生まれの人は、徴兵召集の最も激しかった一九六六年に十八歳でした)。

すべての青年たちは、自分たちの世界が親の世界と先例がないほど違ったものであると信じていますが、この世代の人々には、たいていの人が考える以上にそのように考える多くの理由があるでしょう。科学技術、社会の流動性、アメリカの力と豊かさ、核戦争の脅威のすべては、戦後のアメリカの生活様式を、彼らの親たちが知っていた世界大恐慌と戦争の時代の世界とは抜本的に異なるものにしました。この新しい世代には多くの選択肢が与えられた一方で、選択に利用できる指標となるものはほとんどありませんでした。彼らはいつも人の計算違いの代償を払わされ、人の散らかしたゴミを片付けるように送り込まれていると感じていました。したがって、他人は自分たちをやっつけようと躍起になっており、政府は堕落し、権威は信頼しがたく、ビジネスマンは詐欺師であり、さらに自分の言い分を主張しても心底から自分たちに関心を持ってくれる人などいない、と信じて彼らが育ったとしても不思議ではありません。

彼らの音楽、映画、習俗のすべては、この不信と幻滅感を明らかに示しています。なぜ自分の利害を追求してはいけないのだろうか、それは他の誰もがしていることではないか、と。

熟年における焦燥感の危機

同じように、四十代後半の男性（たまには女性もいるかもしれません）が、なぜ突然、自分本位で放縦で欲求の抑えられない生き方を見つけようとするのかを私は理解できます。なぜプール、サウナ付きの単身者アパートを求めて郊外の自宅を手放すのか、なぜステーションワゴン車を二人乗りのスポーツカーと交換するのか、なぜ（髪が白髪になりすぎていなければ）髪を染めてあごひげを生やすのかを。彼は住宅ローン返済の支払い、その他の請求の支払い、子供のしつけなどの責任だらけの生活に嫌気が差したのかもしれません。ユーモア作家サム・レベンソン〔一九一一―八〇年〕は、よくこう言っていました。「私の子供の頃、人は私の親が望んだことをするように、と私に言いました。私が親になったとき、人は私の子供が望んだことをするように、と私に言いました。私がしたいことをするのはいったい、いつなのでしょうか？」と。私は笑い事ではなく同じことを言うであろう多くの熟年男性を知っています。彼らはこの脱出を、責任や世間体からの逃避ではなく、間もなくその三分の二が過ぎ、残る三分の一の終章に至る人生において、喜びと自由を摑む最後の機会であると見なしています（テキサス州議会のある議員は、ある性的な行動を非合法化する法案を支持するための演説の中でこの話をしましたが、こう言っています。「このいわゆる新しい道徳には三つの間違いがある。それは神の律法に反し、テキサス州法に反し、さらに私はそれを利用するには歳をとりすぎている」と）。

しかし、私はそうした行動を理解するにもかかわらず、依然としてそれは間違いであると考えます。それは、道徳的に悪いものであり、神を立腹させるものであるからだけでなく、見当違いで、一生懸命に働いても最後には望んでもいない方向に行き着くように私たちを導く方針であるからです。

自己中心の生き方の代償

『パッセージ』という作品を書いたゲイル・シェイ（一九三七年生まれ。アメリカの作家、ジャーナリスト）は、妻を置き去りにし、出会ったばかりの十八歳の少女と暮らしているある男性を取材していますが、その男性はこう述べています。「私が自分を正当化することは難しいだろう。ナン（彼の前妻）が何も悪いことをしていないのに、彼女を見捨てたのだからね。私たちはみな計画に従って暮らすように育てられたが、ナンはその世界に今まで通り生きている……ここで出会った若い人たちから学んだことは、なんの確たる約束もしないことさ」。言い換えれば、彼にとって幸福とは義務を伴う約束事をしなくてよいことや、義務に答えなければならない相手がいないこと(文字どおり「無責任」という意味)です。誰の欲求や問題も自分の邪魔をしたり、自分を縛りつけたりはしないということです。

「お前の要求を心配するために、私がここにいるのではない。だから、お前も私のことを心配しないでいい。各人が自分のことだけを心配すればいいのだ」という自己陶酔者の信条は、二十世紀になって考え出されたものではありません。人類の歴史と同じくらい古くからある方法を最近組み直したものです。神がカインに弟アベルのことを尋ねられたとき、カインが「知りません。わたしは弟の番人でしょうか」とあざけるように答えた態度そのものです。彼は弟アベルを殺したことを正当化するためにではなく、弟の幸せなど自分には関心がないことを正当化するためにそう言ったのです。私は自分の利益に心を向ける。人は人で自分の利益に心を向ければよい、というものです。それでは、カインの罰とは何でしょうか？　彼にはふるさとと呼べる住処《すみか》はなく、彼を支え、慰める共同体もなく、地の表をさすらう者となります。自分の利益だけを追い求める人間の原型とも言えるカインは、彼のすべての末裔と同じく、生涯にわたり人との結びつきを持てない人生をおくる羽目になります。

映画『カサブランカ』のリックに見る生き方

私の好きな映画作品『カサブランカ』の中でハンフリー・ボガートによって演じられる主人公リックは、当初、皮肉屋で疑い深く自己防衛的な人物として描かれます。彼は人への優しい感情に屈するようなことはせず、我が身のことだけを考え、競争するなかでいつも有利な立場に立ちます。リックのバーで進退窮まった男がゲシュタポに逮捕されたとき、男はリックに「どうして私を助けてくれなかったのかね？」と尋ねます。するとリックは「誰のためだろうと危険なことはしたくないのでね」とあざ笑います。リックは第二次世界大戦の冷酷さと不公正のただなかに生き、自分のことにしか注意を払わぬ人間だけが生き残るということを学びました。彼はかつて、自分の幸福と同じくらい真剣に他の人の幸福を追求するという「間違い」をおかしたことで、深く傷ついたことがありました。彼は冷笑的で身の安全と成功のみを考える人間になっていました。しかし、自分の生き方になにかが欠けていることをある段階で悟ります。状況が彼を厳格で思いやりのない人間にしていました。しかし、カサブランカに駐屯したナチ将校の、手荒で強権的、非情な言動を目のあたりにし、彼は自分が彼らのような人間にはなりたくないということに気づいたのです。

映画を通してリックの品性のひらめきが見られるようになり、最後に彼は愛する女性への寛容な行為を示す場面で自分の脱出と幸福へのチャンスをあきらめます。女性は英国に出発し、彼は北アフリカをさすらわねばなりませんでした。ファウストのように、また、若きマルティン・ブーバーのように、彼は自分のことだけに心を砕いていたとき、人生に満たされなさを感じていました。彼自身の人生が意味を持ちはじめたのは、他人を助け、他人の人生を豊かにしようとする過程のなかにおいてでした。リック・ブレインはカインのように、ふるさとを持たない男になっていました。しかし、自分のことしか気にかけず弟の保護者になるのをはねつけ、流浪に身をやつす宿命を背負うことになったカインとは違い、リックは自分のことだけに心を砕いていたとき、自分自身が人生から疎外されていると感じていました。そして自己犠牲の行為をするなかで自らの故郷、財産、安全をあきらめたとき、心が満たされるのを感じました。見方によっては、彼の持ちものは少なくなりましたが、もっと大切なことを考えられるようになったという点で、彼は全人的な人間になれたと言えるでしょう。

4章

あまりにひどく傷つけられて感じることができないとき

あべこべの価値観の世界

私は、写真のネガ、もしくは湖水に映った光景のように、同じ光景であっても逆さまになって、私たちの世界が鏡に映っている世界のイメージを思い描くことができます。私たちの世界の高いものがもう一つの世界では低いものに、こちらでは開いているものが、向こうでは閉まっています。そちらの世界にもコヘレトのような賢人がいるかもしれませんが、コヘレトの正反対のような人間かもしれません。その彼もまた人生の第二幕における、自分の挫折した人生の意味への探求についての話をするでしょう。しかし、私たちの世界のコヘレトが人生の意味を富、快楽、知識に求めたのに対し、別世界の彼の片割れは貧困、苦痛さらに知識の拒絶に人生の意味を探し求めることでしょう。

私たちの世界のコヘレトは富と権力の獲得に躍起になることで人生を意味あるものにしようとしました。彼が失望したのは、富や権力の追求が彼を自分の仲間から孤立させ、彼らを成功の競争相手、障害と見なすように教えたからでした。それならば、人はそれと正反対の道に従う、つまり富や権力を放棄し、物質的な条件抜きでやっていくようにすることを、意味ある人生を追求することのよりどころにする、という気にはなれないものなのでしょうか？

事実、一部の人はそのように提案してきました。キリスト教や仏教の托鉢教団は、自発的に貧しく敬虔な生活をおくることを誓うこと、富の追求についてまわる堕落や欲求不満を避けることを教団員に求めてきました。およそ一世紀前、アメリカの偉大な哲学者であり心理学者であるウィリアム・ジェームズ〔一八四二―一九一〇年〕は、自己否定を人間の幸福と自己実現への道と見なしました。彼は、戦争が軍事的な理由というよりむしろ心理的な理由で戦われると考えました。なぜなら、あらゆる世代の男たちは勇気、男らしさを試したいという欲求を感じるからだ、と。彼の小論文『戦争の道徳的等価物（*The Moral Equivalent of War*）』のなかでジェームズは、人々はより破壊性を弱めて戦争と同じ目標を達成できるはずであると提案しました。たとえば、自発的に自制の鍛錬を実践することや、誰がより肉体的快適さなしで耐えられるか、誰がより他の人より艱難に耐えられるかを競って確かめることによって、です。

現世の喜びに背を向けること

世俗的な快楽抜きに生きることで人生の真の道を見いだそうという主張の、最も偉大な現代の唱導者は、たぶん現代インドの精神的な父であるマハトマ・ガンジーだったのではないでしょうか。ガンジーが人民の独立闘争に関与するようになったとき、彼は弁護士として着ていた見栄えのよい洋服を処分し、簡素な白地の布の衣を身にまとい、質素に暮らし、食しました(かつて彼は、自分が生きるのに必要な分以上に食べる人は、他の人の食べ物をかすめ取っており、自分の身を覆うのに必要な分以上の衣服を持つ人は、他の誰かに衣服なしですませることを強要している、と言いました)。

しかし、ウィリアム・ジェームズが例の小論文を書いて以降、二十世紀には多くの戦争があり、これまでになかったほどおびただしい数の人が戦争で殺されました。物質的な安楽さを求めずに生きることで男らしい勇気を実証することが、戦争の代用品になると受け止められたようには思えません。物質的な成功を力説した親たちに反抗して一九六〇年代によい大学や家業から落伍した若い人たちでさえ、気づいてみれば、大半が路線修正したがむしゃらな競争の道に舞い戻っていました。家の住宅ローン、家族への責任がそのような行動を人にとらせるのでしょう。親たちの快適な生活様式に対する若者たちの反抗のなかで唯一残っている象徴は、車をオートマ車ではなくマニュアル車にする嗜好ぐらいのように思えます。

西欧世界の托鉢教団の生き方の招きに応じた人はごく少数であり、インドにおいてガンジーの生き方に従うことを選んだ人もごく少数でした(それには、もっともな理由があるのかもしれません。エリク・エリクソン〔一九〇二―九四年。著名なデンマーク系ユダヤ人精神分析医〕の書いたガンジーの心理学的伝記を読むと、人間の精神の偉大さに巡り会えますが、同時に、絶え間なく彼を苦しめた罪の意識と、自分は価値のない人間ではないかという意識とを見いだします。それらの意識は、彼に空腹やその他の苦痛で自分自身を苦しめることとや、また、自分の中にまず見いだしたであろう恐るべき願望を持っているとして、まわりの人々を責めることをさせます。偉大な人物には、彼らの名声に値する奇癖が与えられていると思います。私たち自身の個人的な探究への手引きとしては、食べ物、セックス、快適さに対するガンジーの態度を受容できなくとも、その業績と深い精神性ゆえに彼を賞賛できます)。

楽しみは人生のデザートになり得ても、メイン料理にはなり得ない

私たちの世界のコヘレトのような人間は、やりたいことをなんでも自由にやれることがわかり、快楽を追求しました。そのはるか後に生まれたフロイトは、快楽の追求こそが健全な人の生き方の指導的行動基準であることを主張しました。フロイトは、

人間の多くの行動は他の生物の行動と同じく、快感を最大限に、苦痛を最小限にしようとする努力によって決定される、と教えました。私たちが動物と違う行動をとるのは、何が快楽で何が苦痛であるかの理解が動物と違っているからに過ぎない、というのです。コヘレトはワイン、女、そして宴会に夢中になりましたが、結局は、快楽を追求する生き方がどれほど空しく無益であるかを悟るに至りました。楽しみは人生のデザートであり得ても、決してメイン料理にはなり得ません。それは、私たちが日常的にしていることから気分転換させるものとしては大いに歓迎できても、日常的になってしまったなら、その上に人生の土台を築くにはあまりにもうわついたものであることを私たちは見いだすことでしょう。

私は高校時代に知っていた（また羨ましく思っていた）、自分よりずっと楽しさに満ちあふれた人生を送っているように見えた人たちのことを考えます。運動選手で、格好がよく、弁舌さわやかな学生であったこれらの人々は、真剣につきあえるボーイフレンド、ガールフレンドを一番早く持てる人間に思えました。当時を振り返れば、私たちの誰もが彼らを羨んだのは、その生活が長いパーティーであり、愉快な経験が次から次へと続いているように思えたからです。ティーンエージャーのそのような絶え間なく続いた楽しい日々の後に、ほとんど否応もなく挫折の日々がお膳立てされていることなど、彼らも私たちも知るよしもありませんでした。何事も順風満帆に運んでいた若い年月の間、技能は習得されず、よい習慣は身につかず、実世界についての教訓が学ばれることはありませんでした。

子供時代にかかった病気(それほどひどいものでなかったとしても)が、その後ずっと健康に思慮深く注意するようにどれほど人に教えることができるか、あなたはこれまで気づいたことがあるでしょうか。もしくは、金銭上の制約を背負って成人することは、金を稼ぎ、使うことについてどれほど現実的な考えを持たせることになるでしょうか。また青少年期の挫折が、どれほど人への思いやり、人の気持ちを察する感覚を教えることができるでしょうか。「傷ついた医師だけが治すことができる」というユングの観察の精神から見れば、順風満帆でやってきた若者が、忍耐やつらい仕事や他人の失敗に対する寛容についての教訓をどのように学ぶことができるでしょうか？おそらくそれが、才能に恵まれた野球選手が、しばしば、なぜよいコーチになれないかの理由です。彼らは自分たちが苦労もせずにできたことを人にどのようにやらせるか、教え方がわかりません。青年時代に苦労せずに順風満帆にやってこられた人が、忍耐や満足を先に延ばす規律を身につけられるでしょうか。音楽が止み、人々が否という日に、この人は備えていないのではないでしょうか？

高校時代が自分の人生のハイライトであって、それから以降、すべてが下り坂というのはどれほど悲しいことでしょうか。アーウィン・ショー〔一九一三―八四年。アメリカ人作家、劇作家〕が書いた『八十ヤード独走(*The Eighty Yard Run*)』という題名の短編小説を私が読んだのはかなり前ですが、忘れることができません。ある大学の新入生が、はじめてのアメリカン・フットボールの練習で八十ヤードを独走し、タッチダウンします。チームメートは彼を畏敬の目で見つめます。コーチは「君はうちのチームにすごい未来を持ってきてくれそうだな」と言います。金髪のガールフレンドは練習後、彼を見つけて熱烈なキスをします。彼は天にも昇る気持ちでした。しかし、その後の彼の人生は、あの日に匹敵する日を再び持つことはありません。彼のフットボールの技術は月並みのレベル以上にはなりませんでした。仕事での出世も同じく期待外れに終わり、結婚生活は幻滅させるものでした。人生が常にあのように楽しいものだろうと考えていた、ずっと以前の完璧なあの日のことを思い出すがゆえに、失敗の苦痛はさらに大きくなるのです。

惨めにも失敗した結婚から数年前に抜け出した私のシナゴーグの信徒の一女性のことを考えます。彼女は若く魅力的で、よい仕事をしていました。でも前の結婚の失敗で深く心が傷ついていたため、急いで新しい交際関係に入ろうとはしませんでした。

何年もの間、彼女は独身貴族の一員でした。今日、彼女は朝の三杯目のコーヒーのマグカップ越しに私を見つめ、灰皿にタバコの吸い殻をいっぱいにして言いました。「人が自分を羨ましく思っているのはわかっていますよ。パーティー、休暇、責任の重荷に縛られずに生活を楽しんでいる、と。でも、私が他の人々をどれほど羨ましく思っているかをわからせてあげたいものです。そうした生活が、何もかも退屈で単調なものであることに気づくまでそう時間はかかりませんでした。ただ同じことを一からやり直さないようにと本当はしたくもないことをしているだけ、ということを皆さんに話してあげたいですよ。こうした生活すべてと、車のドアを閉める音と階段を踏みしめて上るなじみの足取りの音が夜半に聞こえる生活とをさっさと交換したいものです」。

コヘレトの快楽の追求が、地に舞い落ちるとき美しく見えても、摑もうとするとたちまち消える粉雪のように満足の得られないものであるとしたら、私たちの想像上の鏡の世界に住む賢人はどんな道を追求するのでしょうか。故意に痛みを負うことで人生の意味を見つけるという道もあるのでしょうか。奇妙なことのように見えますが、一部の人はまさにそういう道をとります。ファウストのように彼らはこう叫びます、「私は自分が生きてきたということを実感したい」。そして、彼らに返ってくる答えは

「唯一価値ある生き方とは、苦しみと自己犠牲の生き方である。自分のために生きる者は決して満足を得られない。人のために生きる者だけがそれを得る」というものです。

受難者の役回りを演じる人

家庭や仕事の場で、苦痛も責めも一身に引き受ける受難者の役割を選ぶ(あるいは、そうした役割を引き受けることに合意する)人たちがいることを私は知っています。彼らは他人の願望を実行するほかには特に自分の望みを持たないかのように見えました。人に利用されたり、つけ入れられたりしたときですら、心地よく感じているかのようでした。そうした人の一部は、アルコール中毒者や薬物中毒患者、あるいは、賭博に取り憑かれて止められない人の妻たちです。また、配偶者に身体的あるいは心理的に虐待されたり、こぶしや言葉で激しく当たられたりした男性たちや女性たちもいました(私はかつて、自分の結婚生活の問題を話し合う必要があると話してくれた、ある女性信徒を訪問したことを思い出します。彼女はひと匙のインスタントコーヒーに水道水を沸かした湯をかき混ぜ、たぶんこれまでに飲んだなかで最悪の味のコーヒーを出してくれました。私がコーヒーをすするふりをしていると、彼女は夫との衝突について語りだしました。「夫はいつも私をこきおろすんですよ。夫には私がこれまでしてきたことになにひとつよい点がないように見えるのです。あの人はいつも私を責め立てます。もう我慢できません。あの人から批判の言葉をもう一言でも聞いたら、私は自殺するつもりです。ラビ、コーヒーをもう一杯いかがでしょうか？」）。

これらの人には自尊心がほぼ完全に欠如しているという特徴があるように見えます。彼らは自分自身のためには何をする権利もなく、他人の要求に応じることにもっぱら自らを没頭させせなければならないと感じているように思えます。おそらく幼年期に、両親とか宗教の教師といった誰かから、彼らには何の価値もないと教えられ、自分の存在を正当化できる唯一の方法は黙って人のいいなりになることだと感じるようになっていったのです。彼らは自分の人生における痛みに関しては不幸に見えますが、同時にそのことをあきらめていて、自分の状況を変えるためになにをするにも及び腰に見えます。彼らは、自分は苦しんでも当然の人間だと信じこんでいるように思えます。

宗教は、あまりにも頻繁に苦しみを正当化する説教を聞かせてきました。人々に「苦難に耐えること」を説き、それは神が彼らに望んでいた運命、あるいは自分たちの罪ある考えや行為によって自ら招いた運命であると教えます。人は苦しみを愛するように、またそのために最善を尽くすように教えられてきました。

人は楽しみと苦しみの狭間に生きる

もちろん、これらは比較的まれで極端な場合ですが、より一般的な現象として、次のように自分に言い聞かせるという態度があります。「この快さは自分にとって正しいことではない。私はそれを享受するに値しない。だからそれに釣り合いを取るためになにかをしなければならない」。私たちがここで取り上げるのは、アメリカ人の性格のなかにある基本的な葛藤の一つです。

いっぽうで、私たちアメリカ人はひどくわがままな人間です。ほとんどの人が必要とするよりも多く冬場に暖房を、夏場には冷房をし続け、世界のエネルギー源の多くを浪費しています。他の国の人が家に家具を備えつけるよりも多く、私たちは車に惜しげもなくお金を使い、柔らかな座席、エアコン、ステレオ装置を備えつけます。私たちはよいものを食べ、よい服を着て、よい暮らしをするのを好みます。しかし同時に、私たちアメリカ人は、新大陸に入植したピューリタンの精神的な子孫であり、その伝統は、物質的な快適さをあまりにも満喫しすぎるとき、罪の意識を私たちに感じさせます。私たちの内なる声は、人間はそのようなよい暮らしをするように創られたのではない、そのために罪滅ぼしをしたほうがよい、とささやきます。

ピューリタンにとって、人生は手厳しく、真剣に取り組むべき仕事であり、罪は常に私たちがまともな道をふみ外すように誘惑しようと待ち受けているものでした。彼らは実際に、主日である日曜日には笑うことを禁じるという掟を作りました。彼らの気晴らしの着想は、教会の堅い木製の長椅子に座って地獄の苦痛についての三時間にも及ぶ説教を聴くことでした(かつて、ある人がピューリタンのことを、牛に痛みを与えるからではなく、観客に快感を与えるものであるから闘牛を廃止させたがるような人であると定義しました)。

私たちアメリカ人はこれら二つの相反する傾向を継承しており、両者をいかに調和して快適に暮らせるかを学ばずにきました。常に存分に楽しんでは罪を感じ、それを償うために自分の肉体に罰を与えるというサイクルが身についてしまっています。食べすぎてはダイエットをします。二ブロック先の郵便ポストに手紙を投函するのに車に乗り、運動するためジムやプールに行くのに一キロ半余の距離に車を使います。それは、快適さを感じる「罪」のために自分を罰するという内なる衝動を私たちが感じているかのようです。

熱愛している男性と結婚してまだ一年足らずのロレインが、夫とくつろいで愛の営みを楽しむのにとても苦労するのはなぜでしょうか？　デートに出かけたときやデートから帰宅したときの母親の小言や忠告を彼女が思い出し続けるのはなぜでしょうか？　彼女がなにか楽しいことを経験するとき、いつも罪悪感を克服できないのはなぜでしょうか？

フロリダのホテルのプールに出かけた四十四歳のビジネスマンのハリーが、一日に二度、会社に電話をかけるのはなぜでしょうか。彼がくつろいで休暇を楽しもうとするときはいつも、自分は無責任で勝手気ままな人間であると感じるのはなぜでしょうか。さらに彼の妻が豪華なホテルでの食事に、いつも小言を言うのはなぜでしょうか。ヨーロッパ生まれで子供の頃にアメリカに連れてこられ、今では成功したビジネスマンであるマックスが、飢えた子供の写真を呼び物にする慈善活動に気前よく寄附をするのはなぜでしょうか。私たちの誰もが、幸運を受けるに値しないと自分に告げる声を聞くのでしょうか。気持ちのよいことが何か間違っているとか、私たちがそれに値する者でないがゆえに楽しいことは何であれ、長く続かない、とかいうことを、誰もがひそかに信じているのでしょうか。

私は多くの人の心の中に、人生の快適さと楽しみの「釣り合い」を取ろうとして苦痛を求める意識が存在するのだと考えます。ジョギングしていたときのことを思い出します。数年前に膝を痛めるまで、背中にイザヤ書四〇章三一節が印刷されたTシャツを着て、朝一日おきにおよそ五キロから八キロを走っていました（Tシャツにプリントされた聖句の箇所は「主に望みをおく人は新たな力を得、鷲のように翼を張って上る。走っても弱ることなく、歩いても疲れない」です。そのTシャツを着て走っても疲労を減少させる役には立ちませんでした）。私は他のランナーたちを家の近くの通りで見かけました。彼らの体は汗で光り、目は前方をしっかり見据えていました。彼らの顔には疑いなく私の顔にも同様に見られたであろう決意をみなぎらす表情が見られました。私たちのランニングには、自然に生まれる子供のはちきれんばかりの遊び心、生粋のアスリートの寛大な気高さのいずれもありませんでした。そこにあったのは厳格な感覚、ほとんど宗教的苦行に近い根気強い献身といった感覚でした。私は、あと一マイル走るよう、自分の抵抗する身体にムチ打って言い聞かせようとしたことを思い出します。「私は体をあまりにもなまくらにしている罪を犯しました。歩ける距離にも車を運転しました。ここらで止めた方がよいとわかっても余分のパイの一切れに手を伸ばすほど飲み食いしすぎました。オフィスではあまりにも長く椅子に座り続けました。それゆえ、私は自らを罰することでそのことの罪滅ぼしをしなければいけないのです。ジョギングをして体を苦しめ、ノーチラス社（総合フィットネス機器・用品の最大手企業）のフィットネス機器の指示に従い、ついにはひどく痛い思いをして、私の身体が好き放題をしたことの代償を支払ったことに満足するまで、自分を痛めつけなければならないのです」(私の考えでは、罪を犯し苦しまねばならない肉体とそれを裁いて罰する精神との間には断絶があることに留意してください)。だから全米のジムには、「苦痛なければ益もなし」とか「痛い思いをしなければ正しく運動していないということだ」という標語が掲げられています。私たちは苦痛を歓迎し、実際に苦痛のなかに喜びを見いだすことによって、フロイトに反駁しているように思えます。

西欧文明の二つの基盤

この矛盾はさらに根深いかもしれません。西欧文明の精神の抜本的な亀裂の一つを表しているかもしれません。私たちの文明は基本的にギリシャ文化とユダヤ・キリスト教の二つの根から生まれました。聖書をもたらしたユダヤ教やキリスト教の出現以前のすべての人々と同様、ギリシャ人は多神教徒でした。多神教信仰は、単に多くの神々を信仰するだけではありません。自然のあらゆるものを神聖なものとして扱う、自然の神格化でした。多神教徒にとって神は雨、収穫、太陽や季節の循環、そして人間の身体の形や生殖力のなかにも現れています。最も原始的な段階では、多神教の男の神々、女の神々は、雨を降らせたり、繁殖の魔力を持っていたりします。原野を肥沃にする雨と女性を妊娠させる男性の精液との間に類似性があると思い、多神教信仰の人々は、春に農作物の成長と多くの赤子の誕生を促すために乱交を行いました。彼らは秋に収穫の感謝を表明するためにいっそう盛大な乱交を行い、冬至の時期にも弱まる冬の太陽の光を力づけようと、ときに乱交を行いました(そうした乱交を行うようになって、それを行うなんらかの口実をつけたのだろう、と私は推察します)。聖書には、カナン人の雨の神であるバアール神の神殿での儀礼売春についての、不快感をにじませた記述があります。

古代ギリシャのような、より洗練された形では、多神教信仰は、美と均整《シンメトリー》さを崇拝する形で現れました。パルテノン神殿の建築や、男性や女性の肉体の驚くほど魅力的な彫刻を人類に与えました。さらにその世界観はずっと後の時代に、キーツ(一七九五—一八二一年。英国の詩人)の『ギリシャ古瓶の賦(*Ode on a Grecian Urn*)』において表現されました。

「美は真理、真に美しきもの。そは汝がこの地上で知るべきすべて。
汝が知らねばならぬすべて」

しかし、美は必ずしも真理であるとはかぎりません。美しい人であってもうぬぼれが強く利己的で信義にもとる人はあり得ます。美しい建物は堕落と不誠実の現場になるかもしれません。聖書は自然が神聖であり、美は真理であるという思想を拒絶しました。代わりに、正義が真実であると主張しました。箴言は「あでやかさは欺き、美しさは空しい。主を畏れる女こそ、たたえられる」(三一章三〇節)と私たちに警告しています。自然は神聖なものとはいえません。それは神の創造物の一部であり、神のその他の手仕事のように、創造されたものは善のためにも、悪のためにも用いられ得るものです。

多神教信仰への聖書による拒絶は、エバが禁断の木の実を「いかにもおいしそうで、目を引き付け」るものと見なして、彼女が善悪の意識よりも食欲に従ったときのエデンの園の場面まで立ち返れるかもしれません。私が聖書の道徳的主旨を一行で要約しなければならないなら、「あなたがしたいと感じることではなく、主があなたに求めたことを行え」となるでしょう。聖書の性道徳、古代イスラエル人の食事規定(ユダヤ教で食べてもよいものとよくないものを定めた規定)、貧者への思いやり、異邦人に対する公正さの強調は、すべて、人間に「自然の衝動」を乗り越えるように教える取り組みでした。今日までユダヤ教徒は贖罪《しょくざい》の日であるヨム・キプールに、食べ、飲み、セックスすることを控えてきましたが、それは罪のゆえに自らを罰したり、神に自分をあわれんでもらうためではありません。このような行為によって、自分の本能を統御するという他の動物が持ち得ない人間の能力を劇的に象徴させるためです。動物は、悪くなった食べ物を受けつけないなど、肉体的なことから、もしくは罰を受ける恐れから、食べることや交尾することを抑制することはできます。しかし、自発的に控えることはできません。人間だけが(すべての人間ができるわけではない、ともときどき私は思いますが)自制することができます。多神教信仰は人間の自然の本能を満たすことに神聖さを見いだしたのですが(現代の多神教信仰の代弁者アーネスト・ヘミングウェイはかつて、「後になって気分がいいと感じられるものが道徳的であり、後になって気分が悪いと感じるものが不道徳である」と定義しました)、聖書は本能を統御する人間の能力のなかに神の似姿を見いだしました。

ユダヤ人の宗教、ギリシャ人の宗教

旧約聖書が異議を唱えたのは、戦争をし、農作物を成長させ、子供をつくることに主要な関心があるカナン人農民の、みだらで露骨に性的な意味を帯びた多神教信仰でした。しかし旧約と新約の両者の文化が交錯する数世紀の間に、イスラエルはアレキサンダー大王によって征服され、人々はより洗練されたギリシャの多神教信仰に遭遇しました。ギリシャ文化は生殖力を崇める祭儀やバアール信仰ではありませんでした。プラトンやアリストテレスの哲学、アイスキュロスやソフォクレスの戯曲、さらに建築、美術、彫刻芸術がありました。それでもなお聖書の視点からは、ギリシャ文化には致命的な瑕疵《かし》がありました。それは、美と快楽を神が創造された副次的創造物と見なさず、それらを神聖なものと見なし続けていたからです。ギリシャ人にしてみれば、肉体美への敬意をまったく持たないユダヤ人の考えが理解できませんでした。「なぜ彼らはもっと運動しないのだろうか」「なぜ人々が称賛できるように、自分たちの肉体を誇示しないのだろうか」「なぜ自分たちの息子に割礼を施して神の創造した肉体の完全性をおとしめるときに、神に従っていると感じるのだろうか」と。

ジェームズ・ミッチェナー(一九〇七―九七年。アメリカの作家)の小説『人間の歴史(*The Source*)』のなかで、マカバイの反乱(当時イスラエルを支配したギリシャ人王朝によるユダヤのヘレニズム化に抵抗したユダヤ人マカバイらが、前二世紀中期に起こした反乱)の勃発前の紀元前一六八年に設定された、ユダヤ人とギリシャ人との対決場面があります。ユダヤ人社会の指導者イエフバベルは、皇帝の布告した新法の一つに苦情を言うために地元のギリシャ人総督タルフォンと会う約束をします。二人はタルフォンが体を鍛練している体操場で面会します。総督は素っ裸で日の光をさんさんと浴びた肉体を鍛錬して高揚感を感じています。対照的にユダヤ人の代表は完全に衣をまとって目と鼻だけを開けた格好です。両者とも相手がなぜ自分のように衣をまとわないのか（あるいは、なぜ裸になれないのか）理解できません。どちらも相手の作法を神へのある種の冒瀆と見なします。

新約聖書の時代までにイスラエルの地は、ギリシャ文化とローマの軍事力、政治的手腕とを結合させた、ローマ帝国の一部になっていました。初期キリスト教の宗教指導者は、裸体、同性愛、過剰な飲み食いといったローマ人の目に余るみだらさをきわめて不快に思っていました。そのため、彼らは知らず知らずに、ほぼすべての肉体的な快楽を本質的に罪である、と非難を浴びせるようになりました。彼らは、純粋かつ神聖で非肉体的な魂と、野蛮で朽ち果てることが前提であり罪の原因となる肉体の両者を区別するように教えました。理由がなんであれ、おそらくそれを試すために、魂は生を受けてこの世に生きる間、土に返る肉体の中に閉じ込められます。しかし、神は魂が肉体の誘惑に抵抗し、純粋で汚れのない状態に立ち返ることを望まれた、というものです。初期キリスト教は、ローマ人の生活上の不節制――行きずりのセックス、これみよがしの富の誇示、暴飲暴食――に対し、彼ら自身の過激主義――いかなる性的な接触や、いかなる富やワインや豪勢な食事にも不信感を持つような——によって応答しました。

中世初期に、暴力、肉欲、富の追求がヨーロッパ社会を支配し、教会の最高レベルにまで影響を及ぼすに至ったとき、最も感受性の豊かな宗教的魂は、この世に背を向け、貧しさと純潔の理想に基づき修道会を創設しました。そこにもまた、妥協点がないように思えました。人は物的な財と肉欲的な快楽の世界で己を見失うか、さもなければ、この世とすべての罪深い誘惑から逃れ、肉体を支配するように魂に教えるか、のいずれかであるとされました。

私たちはアテネとエルサレム双方の申し子

私たちの誰もが聖書、教会そしてギリシャ文化の影響によって形成された近代西欧世界の申し子です。肉体的な喜びについてのギリシャ的愛と、それに相反する聖書的な感情の両者を継承してきました。私たちは、抑えがたい肉体的な喜びを見いだすことと、それらをいかがわしい罪づくりなものと感じることの両者に引き裂かれています。セックスについての態度にしても、あるときは幸福になるという難問を解決するカギと見なし、またあるときは世のなかのたいていの苦痛と歪みの原因と見なすなど、実際、まったく決めずにきました。セックス・ジョークを言うのは、この話題が私たちを不安にさせ、ユーモアが自分たちの不安を処理するやり方の一つだからです。警察の「風紀犯罪取締班」や道徳上の告発は、まるでそれ以外にひどく不快で不道徳なものはないかのように、ほとんど性的問題のみに対処します。私たちは、ヌードや裸体に近い人間の体を美化する映画を見たり、雑誌を買ったりはしますが、そうしながらも依然として漠とした罪の意識や落ち着かなさを感じます。一部の人はあまりにも性的自由があることに落ち着かなさを感じ、一部の人はプライベートでは尊重されるべき性的自由が営利のために搾取されることを拒絶します。なぜなら、精神的に私たちがアテネとエルサレムの双方の申し子だからです。

私たちは実際、食べ物についての態度もまったく決めずにきました。明らかに食べ物には体にとって単なる滋養以上のより大きな意味があります。食べ物は愛の象徴になります。それは、私たちが生まれて数時間しかたっていないときからはじまり、誰かが食べものを与えることで私たちを愛していることを示します。食べ物は褒美であり、安心させることを意味します。傷ついたり怒ったり孤独だったり、恐れたりしているとき、食べ物で心を落ち着かせます。しかし、食べ物はまた誘惑を意味し(エバの禁断の木の実の話を思い出せますか?)、それは、私たちがその弱さゆえに非難されてもしかたのない意志薄弱でわがままな生きものである証でもあります。

私たちの魂の多神教的な半分が、私たちを統御するとき、あまりに多く、あまりに豪華に、あまりに頻繁に欲望にふけります。ピューリタン側の半分が影響力の行使を受け継ぐときには、私たちは自分を罰することになります(興味深いことに「苦痛(pain)」と「罰する(punish)」という単語は同じラテン語の語源からきています)。私たちは、食事制限をしたり、楽しみの限界をこえて運動したりします。あるいは、食べることは楽しい経験であるべきという考えをまったく拒絶します。それは一部の人のセックスについての見解のように、不便かつ不快な必要性といったものになります。私たちはパンらしくない味のするパンや、ラップ包装された本来の味のわからない人工的な味の野菜を黙認するようになっています。食べ物の味にこだわりすぎることは欲望への弱さや貪欲の一種とされるからです。私たちがファーストフードや車に乗ったまま食事できるレストランを発明したのは、食事をきちんととらなければならないことはない、と考えるからです。

二つの異なった価値観から生じる葛藤

私たちが絶えず自分自身と戦争状態になっていたり、肉体と良心がいつ果てるともしれぬ葛藤に引き込まれていたり、私たちの心の一方が他方を「変態」と呼び、他方が「堅物め！」と応酬したりするなら、私たちの心はとても満ちたりた状態にはなりえないことは、火を見るより明らかであるはずです。私たちが「どう生きるべきか？」と問いかけると頭のなかの声の一つは、「自分を楽しめ！」と叫ぶいっぽう、別の声は「慎め！」とせきたてます。私たちは楽しみたいのですが、「これはうわついている」「私はなぜこんなことをしているのか？」と自分自身に言い続けます。人生の重大さを肯定しようと努めると、「こんなことを考えるのは馬鹿げているのでは？」と自問していることに気づきます。ユダヤ人に生まれ、ギリシャ文化に接触し、両者の思想、文化を理解できた最初の聖書の著者であったかもしれないコヘレトは、二つの声を聞きました。一方は、「人生は短い。機会を逃すな。生ある限り楽しめ。いつまで生きられるかは誰にもわからないのだから」と言い、別の声は「人生は短い。いまはここにあっても明日にはもうないような空しいことに、人生を浪費するな」と言います。彼が混乱するのも無理からぬことです。

この内なる葛藤が、ギリシャ文化とユダヤ・キリスト教の入り交じった遺産から発生するのか、あるいは(ガンジーに見られるような)肉体と物質的なもの一般に対する東洋的な二律背反の感情に端を発するものであるのかはともかく、私たちは放縦と罪悪感と禁欲、セックスと恥、過食と節食との循環から抜け出る道を見つけるまで、決して安閑とした思いにはなれないでしょう。私たちの半分が他の半分を嫌悪し軽蔑するとき、内なる平安と満足にどうやって到達することができるでしょうか？

私の知る最も深い宗教思想の一つを読者と分かち合いたいと思います。紀元後、最初の五世紀のラビの叡智を集めたタルムードのなかに「来るべき世において私たち一人ひとりは、神が地上に与え、私たちが楽しむのを拒絶したすべてのよきものについて説明を求められる」と記されています。それは宗教指導者が記した驚くべき言説ではないでしょうか？　肉体や食欲へのなんらの軽蔑も嫌悪もありません。その代わりにここにあるのは、神が私たちの喜びのためにこの世界に置かれた、人生の楽しみへの畏敬の意識と、楽しいひとときの体験を通してこの世で神を見るという道です。もちろん、あらゆる神の贈り物のようにそれらが悪用されることはあり得ます。しかし、その非は私たちにあるのであり、神にあるのではありません。私たちはみな、もはやそれ以上楽しめないくらいになるまで、食べたり、飲んだり、セックスをしたり、金を散財したりすることに身を投じた人たちを目にしてきました。衝動的な愛飲家、女をくどかずにはいられないプレイボーイも、そのうちにウイスキーを飲むことや恋愛ごとを楽しむことさえできなくなる状況に至ります。彼は、その欲求を消そうとし苦痛の鎮静をはかるためにのみ、それらに手を伸ばし続けます。しかし、これらのすべての欲求は適切に用いられれば、私たちの人生に喜びを添える、神の私たちへの贈り物と見なせるようになるのです(最近、私は「よく食べ、よく眠り、すぐに笑う」だけで聖職志願者として受け容れられるという、あるローマ・カトリックの女子修道会に、同じような姿勢があることに気づきました)。

嫌悪感や不信感によって人間の身体やすべての自然の世界を見つめることは、不適当な崇敬をもってそれを見つめるのと同様に、異端的です。自分が苦痛を受けるに値し、安楽で楽しい人生を見つけることが罪であると信じるようになったがゆえに苦痛や不快さを追い求める人は、生きている唯一の目的として愚かにも快楽を追い求める人と同様に、誤った方向に導かれます。こうした姿勢のどちらも「このすべてから私はなにを得たのか？　これまた空しい」という、コヘレトの憂鬱な結論に至ることでしょう。

5章

痛みを感じないこと、喜びを感じないこと

苦しみの受けとめ方の宗教による違い

苦しみに立ち向かうことについての私の本が世に出てからおよそ一年後、私は、バージニア州アシュランドのランドルフ・メーコン大学で行われた「苦しみについての五宗教の考え方」と銘打った会議に招かれました。そこで、私はこれまでで最も刺激的な週末の一つを過ごしました。私は、キリスト教、仏教、イスラム教、ヒンズー教の代表と共にユダヤ教の代表として参加しました。各宗教の代表者は、人々はなぜ苦しみ、それに対して宗教は何をするように彼らに語れるかについてそれぞれの宗教の考え方を説明しました。

その晩のディナーでヒンズー教徒の代表は、自分の宗教は痛みや苦しみを否定したり無視したりするのではなく、乗り越えることで対処するよう教える、と説明してくれました。彼の宗教は考えられる限りの最も痛みある経験について「自分はこの苦しみに傷つけられない。起こり得る最悪の事態を経験しても、それに打ち勝ってみせる。感情を超越するわざを身につけ、痛みを超越する」と自分に言い聞かせるよう教えます。熱い炭のうえを歩いたり、鋭い爪のついたベッドで休むヒンズー教徒の写真を見たことがあるでしょう。ヒンズー教徒は魂に対して行おうとすることを自分の体に行い、痛みを感じないように自分に言い聞かせます。痛みは現実にあっても、痛みを感じないというのです。ウォーターゲート事件で有名なG・ゴードン・リディ（一九三〇年生まれ。ウォーターゲート事件で服役後、ラジオのトーク番組の司会者になった）が燃える炎に手をかざして自分はどれほど強い男であるかを示したという記事を思い出します。「熱くないですか？」と問われると彼は、「もちろん、熱いですよ。それができる秘訣は熱いと自分に感じさせないことです」と答えました。

その晩、ディナーの私の話し相手は次のように言いました。「お若いころ、お子さんを亡くした経験をされたことであなたは悲しみと痛みを克服することを学べたのですから、なんと運のよかったことでしょう。たいていの人はかなりの歳になるまで、そのような機会を持てませんよ」。そして、こう続けました。「人が死ぬのは悲劇ではありません。大河の一滴一滴が、大海の源流へと返っていくように、彼の魂がいのちという大きな流れに返ることなのです。死ぬことは辛いことではありません。生きていることこそ痛みを感じることなのです。生きることは他の生命から私たちを孤立させ、傷つきやすい状態にするからです。一人ひとりが生きる期間を全うしたとき、いのちという流れに再び合流するのです。ご子息の人生は辛いことがいっぱいで悲劇的でした。病気であったからというだけではありません。誰の人生も苦しみがいっぱいで悲劇的なのです。しかし、彼の死は悲劇ではなかったのです。彼の死は平安を彼にもたらしました。彼の死は、平安と、そのうえ十全感をあなたにもたらしたはずです。物を欲し、健康を欲し、子供を欲し、すべてがうまく行くようにと欲するという、その痛みを与え続ける習癖がなければの話ですが」。彼はテーブルから身を乗り出して「あなたは聡明で、すばらしい作家です。それでも、最も大切な真実を学ぶ必要があります。叶えられるはずがないことを望まなければ、この世で苦しむ人はいない、ということです。欲望を抑えることができるようになったとき、苦しみを乗り越えられるでしょう」と言いました。

私は疑わしい眼差しで彼を見つめました。見つめた相手は個人的に好意の持てる、誠実な宗教心の持ち主であり尊敬できる人物でした。しかし、彼の言っていることは私が感じ、信じていることとは真逆なものでした。彼の宗教が生と死について教えることは、私の宗教が教えることとは大きく違っていました。私は愛した息子を亡くしたことを運がよかった、と感じることはできませんでした。心の平安を得ることも痛みを超越することもできませんでした(そのことについて、その友人ならば、私の故人への悼みや宗教的な成長は依然として不完全だ、と答えたでしょう)。息子を失った喪失感は、それと共に生きられるようになったにもかかわらず、何年経っても依然として痛みを私に感じさせます。私はそれ以上に「生あるものは痛みを感じることになっている」ことを確信しました。死んだ細胞、髪の毛、指の爪は切りとられたときに痛みを感じませんが、生きている細胞は出血し痛みを感じます。ですから、精神的に死んだ魂は切り取られ、他の魂と分離されるので痛みを感じない、しかし、生きている感性豊かな魂は容易に痛みを感じる、と私は思います。

苦痛への鎮痛剤の副作用

私は傷つけられるのは好きではありません。苦痛を味わうことも楽しめません。しかし、友人や親戚の死を経験したり、餓死する子供についてのテレビ報道を見たりしても、そのことで感情的に影響されないように超然としていられるわざを身につけたなら、より人間らしくなくなるだろうと思います。おそらく、ひどい貧困、高い子供の死亡率、多発する洪水、飢饉、その他の自然災害に苦しめられる国土に生きる人々は、絶え間ない惨事の脅威に対し防備を固めなければならないでしょう。医師が、治療する重病患者にあまりに感情的に近づきすぎないように自らを守らねばならないのと同じです。しかし、そのようにして身の安全をはかることのために支払う代償はあまりにも大きい、と感じます。

我々が喪失感(死、離婚、あるいは親友が離れていくことによる)から自己防衛をはかるとき、そのことを気にかけないようにしたり、誰であれ自分に親密になりすぎないように仕向けたりして、自分のなかの魂の一部を失います。新聞の飢饉や拷問に関する記事を飛ばしてスポーツ欄やゴシップ欄に目を転じ、「ひどい話があるものだ。しかし、世の中とはそんなものだ」と自らに言い聞かせながら痛みを避けようとするとき、より人間らしくなく生気のない人間になります。失望しないようにと幸せを望まないことによって、また、幸せは妄想であり幻想だと自らに言い聞かせることによって身を守るとき、魂は萎縮します。活き活きと生きることは痛みを感じることであり、痛みを隠すことで活き活きと生きられなくなります。

週末の会議でヒンズー教徒の友人は、痛みや悲しみと闘うよりも、それらを受け容れ、吸収し、乗り越えることについての話をしました(東洋の宗教は総じて全体感を生みだすために、対極にあるものを調和させることによって物事を見る傾向がありす。西欧の宗教が男と女、神と人間、善と悪といった二つの明確な対比を見る傾向があるのに対して、東洋の信仰者は両者の境界線がそれほど明白ではないと考えているからです)。彼は多くの人がするようなやり方で痛みを否定し、痛みを隠せと話したのではありませんでした。しばしば私たちは、何かに傷つけられたとしても、真の痛みの原因に向かい合わずに、傷ついていない振りをするか、それを遠ざけようと薬剤を飲むかのいずれかです。おそらく、人は苦痛を感じるようにできています。苦痛を隠すことは、人は苦痛を感じるものであるという教訓をはぐらかしているにすぎません。鎮痛剤に頼れば危険な副作用が起こるということは誰もあえて言いませんが、副作用の一つは何事に対しても感じる能力を減退させることです。

私は葬儀の司式をよく執り行います。すると、前列に座る遺族である親族は明らかに気づまりを感じています。彼らは悲しみや痛みといったようなことを感じるべきであるとわかっていますが、どのように自分に感じさせるかを学んでこなかったために、何も感じられません。おそらく、怒りや苛立ち以外には、感情という言語、さらにその言語で自己表現することを学んでいないために、口ごもってしまいます。葬式の直前、私が家族たちだけに面会をする場で「どうしてなのです？　どうしてこんなことが起きるのですか？　あの人はとってもよい人でした」と声高に泣く老婦人がよくいるものです。すると、とても不快気に「どなたかあの方を静かにさせ、鎮静剤をあげてくれないか？」と言う三つ揃いを着た四十がらみの男性がいることでしょう。実のところ、その部屋でまともな感情を持つただ一人の人こそ、その老婦人です。彼女は自分の中につらい思いが生じたことをわかっており、その感情に応答しています。他の人はあまりにも感覚が鈍麻し、悲しみという言語を語るにはあまりにも表現力がなさすぎて、何が自分たちに起きているのかがわかっていません。

苦痛を回避するだけでは成長できない

私のディナーの話し相手は、悲劇と不確実性に満ちた人生を切り抜ける道とは、正面から闘うのではなく、相手の重量や力を利用する東洋の格闘家のように、それらを受容し、それらに身を委ねることだと私に話してくれました。しかし、彼はまた、絶え間ない痛みのある人生を切り抜けて身を守る道は、自分の期待の度合いを下げることである、ということも言おうとしていました。人生は公正であると期待するな、そうすれば、不公平によって胸を張り裂かれることはない、と。犯罪、腐敗、事故は常に起き、今後も常に存在するでしょう。それは人間の置かれた状況の一部です(私の恩師が、「自分はよい人間だから世界は自分を公正に扱ってくれると期待するのは、自分が菜食主義者だから牛は自分を襲うことはない、と考えるようなものだ」とよく話してくれたものです)。コヘレトは世界の不完全さに思い悩んだために、多大な痛みと混乱の中に巻き込まれました。それによって彼がひどく動転させられる必要などありませんでした。しかし、苦しみと不公正に対して肩をすくませ、「私はこれが世界の現状であるのを本当に残念に思っているが、それによって苦しんでも私にはそれを変えられるわけではない。なぜそれほど悩むのか」と言うようになってしまったなら、彼の人生はもっと楽しいものになっていたでしょうか。

自分の仕事、車、はては健康、家族に至るまで自分にとって重大なものと見なさなければ、それらを失う恐れに免疫がつくという理屈です。一生懸命に働いて、持つべきものの水準を欲しいもの(あるいは、広告主があなたに買いたいと思わせたもの)と同じ水準にまで上げようとするのではなく、欲求の水準をすでに持っているものと同じ水準か、あるいはそれより低く、これ以上あなたから取り上げることのできない水準にまで下げよ、ということです。そうすれば欲求不満や欠乏感に襲われることなく、平常心と落ち着いた気持ちが得られる、というのです。

第二次世界大戦でナチは何百万もの無辜《むこ》の一般市民を狩り集め、強制収容所に送り込みました。それまで財産、社会的な地位、名誉ある仕事を自己意識のよりどころとしていた囚人たちは、それらが奪われてしまったとき、精神的にボロボロになる傾向がありました。人が自分をどのように見なすかという他人の意見ではなく、自分の宗教的信条や自尊心に育まれた自己意識を持った囚人たちは、自分たちの置かれた非情な現実にずっとうまく対応できました。

タルムードは、同様の主張をしています。「豊かな人間とは誰か？　自分が持っているもので満足している人である」と言い、人間の豊かさは、どれほど多く持っているかではなく、どれほど多くを望み、どれほどそれを持てずにいるかで測れ、としています。心理的な渇望のために、さらに多くが必要であると感じている裕福な人は、本当に裕福であるとは言えません。

その晩、ディナーの相手が私に語った話にていねいに耳を傾け、多くの感銘を受け、啓発もされました。とはいえ、最終的には意見を異にせざるを得ませんでした。私が話す番となり彼が食べる側になったとき、失望する辛さを避けて人生への期待の度合いを下げるなら、私たちのなかの神の似姿の一部を失うことになる、と私は言いました。犯罪や政治的腐敗は常に社会の断面であるからと言ってそれらを容認することは、あまりにも手軽にあきらめることです。あきらめれば、ひどい苦痛にも挫折にもあわずに済むでしょうが、どんな代償を払うことになるでしょうか？　人生は不公正で予測しがたいものであるために、子供にあまり愛着を抱かず、仕事にあまり野心を抱かないことで大きな苦しみに対し免疫ができるでしょうが、同時に大きな希望や大きな喜びが奪われることになります。葬儀のときに、最善を願いながらも「どなたかあの方に鎮静剤をあげてくれないか？」と稚拙な助言をする男性のように、また、娘が自転車から落ちてケガをすることを恐れて自転車に乗らせない過保護な父親のように、見当違いの気遣いで危険や心配から自分やお互いを覆い隠します。防護服に身をくるむことは、傷つかないように自分を守ってくれますが、自分が成長することを阻みます。

人は成長し続けなければなりません。赤ちゃんを産んだことのある女性は、新しい生命を与えることには、どれほどの痛みが伴うかを知っています。人生の道のりで新しい自分を生み出し、これまで生きてきた自分という人間から脱却することは、自分たちを保護してくれたものから脱皮し、新しい自己を引き受ける危険を冒すことは、ある意味で、出産とほぼ同じくらいの痛みを伴うと言ってもよいことです。青少年期は、多くの人にとって痛みある経験でした。新しい自分、自分は何者であるかについての新たな意識を生み出そうとする時期だからです。さらにそれ以降の人生で自分の習慣を変えることも、同様に痛みを伴い、同様に必要な試練となり得るでしょう。

離婚が子供に与える本当の後遺症

私はおよそ六百家族の信徒会衆のラビですが、その大半は三十代、四十代の若い親たちです。信徒会衆の間の離婚の蔓延と結婚生活での葛藤が、会衆の家族に与える影響を私は見てきました。ときには、該当する年齢層の三分の一もの会衆にその影響は及んでいました。また離婚が大人や子供たちに何をもたらすかを見てきました。

大人たちは傷つきますが、その大半は何も損なわずに事態を切り抜けます。結婚の四割が離婚に終わるにせよ、離婚者の八割が再婚し、しばしばとても安定し満足のいくものになっています。両当事者が再婚しない場合であっても、彼らはある程度、人間的成長を遂げ、当初の傷は過去のものになっています。多くの女性は私に次のように話してくれました。経済的な不安や拒絶意識をもって別居を体験することは辛かったものの、ひとたび起きてしまったことに折り合いをつけるや否や、これまで以上に自分がいっそう強く幸福で自立した人間になっていることに気づいた、と。彼女たちの多くは必要に迫られ、自分たちがこれまでに思っていた以上に機知に富み、有能になりうることに気づきました。彼女たちは、結婚したカップルの片方ではなくなり、自らが生まれながらに自分の権利を持った全人的人間であることに気づきました。

とはいえ、幼い子供たちは、しばしばより傷つきやすく、自分で責任を取れる部分はより少なく、事態を元に戻すこともできません。子供にとっての離婚の影響の一部は、あまりにもよく知られています。拒否感、自分たちが両親の不和の原因となったのではないかという罪悪感、手本になる人間がいなくなることなどです。しかし、私がこれまで見てきた経験から言えば、子供たち、また個人的には親の離婚を経験していなくとも友人たちから離婚についてさんざん聞かされた子供たちへの最も有害な離婚の影響は、これら以上のものです。人を愛することを恐れ、完全に自分を他人に託すことを恐れて大人になるような若者たちを育てているのかもしれないということを私は心配しています。というのも、彼らは、人を愛するという危険を冒してそれがうまくいかなくなることが、どれほど苦痛を与えるかを見てきたからです。若者が、リスクをとらずに男女の親密さを求め、意味ある感情を注ぎ込まずに快楽を求めつつ大人になることを私は恐れます。彼らは、失望の苦しみを恐れるあまり、愛や喜びの可能性を捨て去るでしょう。

そういえば、サイモン＆ガーファンクルが一九六〇年代の若者に「恋をしなければ泣くことはなかったさ。……僕は誰にも触れないし、誰も僕には触れないさ。……僕はただの島、ただの岩。……岩なら傷つきはしない。島なら泣くこともないさ」と歌いました。精神医学者ハーバート・ヘンディン〔一九二六年生まれ。自殺研究の第一人者〕は、今日大人になっている人たちのなかにある真の親密さへの恐れについて書いています。真面目な関わり合いを持つことは罠である。それは選択肢を制限する。思いやりは失望や拒絶に出会うとき、人を傷つきやすくする。子供を持つことは充足感や永続性ではなく、責務と不都合を意味する、と。彼はこうも書いています。「無関心でいること、喜びを感じられないことは、二十年前には統合失調症の兆候と考えられた。今日では人々は、感情的な関与は大きな災いを招き、超然としていることが生き抜く最良の手段であると信じている」。仕事、遊び、果てはセックスライフにおけるまで、私たちは深く相手を気遣いすぎないようにふるまい、機械のようになりたがっています(「スイッチを入れられる」という言葉は「興奮する」を意味します)。

苦楽を分かち合わない結婚はもちこたえにくい

ある日の夕方、若いカップルが書斎にいる私に会いにきました。数カ月後に私は彼らの結婚式の司式をすることになっていました。しかし、彼らのことをあまりよく知らなかったので、結婚式の式次第の入念な確認のために面会に来るように彼らに頼んだのです。ある問題について若い男性は私に言いました。「ラビ、結婚式で小さな変更を行うことに同意していただけないでしょうか？　「夫と妻は死が二人を分かつまで」と唱えるのではなく「夫と妻の二人の愛が続くかぎり」と唱えていただけませんか？　私たちはこのことについてずっと話し合ってきました。互いにもう愛せない日がやってきたなら、離れずにいるのは道徳的に正しくないと二人とも感じています」と。

私は彼らに答えました。「いいえ、その考えには同意できません。その変更をするつもりはありません。あなた方も私も離婚という事態があることは承知していますし、また近頃の多くの結婚が、片方のパートナーの死まで長続きしないことも知っています。しかし、ひとこと言わせてください。「結婚がうまくいかなくなれば、いつでも別れることができる」という態度で結婚し、一緒に住みはじめても自分の抱える問題を完全に打ちあけないままにしているなら、あなた方にとって事態がよい方向に向かうことはほとんどないことを保証できます。お二人の依頼の誠実さ、偽善的に生きたくないという願望はわかります。しかし、結婚の固い誓いは何のためにあるのかといえば、ベッドを共にしたいという相互の意向だけではなく、互いに関わり合う不完全な二人の人間が出会うだろう避けがたい挫折、失望をも受け容れることを心から誓うためなのです。出し惜しみすることなく結婚にすべてを与えるときでさえ、結婚を成功させることは楽ではありません。しかし、自分の一部が関係の中にあるのに、一部は部外者の立場に立って結婚を続けることに価値はまだあるかどうか見積もっているようでは、うまく行く見込みはほとんどありません」と。

これらの若い人たちは他の人の結婚が破綻したときに体験した痛みを目にしたことで、ひどく怯えていました。自分たちが注ぎ込んだ感情を失うことをひどく恐れて、ほんのわずかの部分でしか人と関係を持ち合おうとしませんでした。そのやり方ならば、うまく行かなくても自分たちは損害を全面的には被らず、ひどく傷つくことはないだろう、というものです。しかし、その結末は、注ぎ込まれる感情の投資があまりに少ないために、確実に破綻するもろく不確かな人間関係となってしまうことは、ほぼ避けられないでしょう。

私は、深刻な病になったり、重病の子供を持ったりしている女性たちからの、夫たちが自分たちを見捨てた、と私に告げた手紙のことを考えます。そうした夫、父親たち全員が残酷で冷淡、思いやりのない人であるとは、私は思いません。逆に、彼らは、あまりにも深くそうした状況に痛みを感じた人ではないか、と思います。そして、痛みといかに共生するかを教えられたことがいままでなかったので、それに対処できなかったのではないか、と思います。その結果、パニックになり、恐ろしく、感情的に耐えきれないような状況から逃げ出しました。おそらく私の書斎で話したあの若者のように、そのような夫たちの一部は、自分たちの人生が楽しくなることを期待して結婚しました。しかし、楽しみではなく痛みや葛藤、さらに不確かさをもたらすものに思えたとき、これは自分たちが契約したものとは違うと判断して逃げ出したのです。

ヘンディン博士は、美しい王女がカエルにキスをするとカエルが見目麗しい王子に変わったというおとぎ話と、ある日テレビ番組『セサミ・ストリート』で見た、その話のパロディとを対比しています。そのパロディでは、王女がカエルにキスをすると、彼女自身がカエルに変わってしまう、というのです。それは面白い話ですが、親密な関係や感情移入は危険なことであり、自分を傷つけることになる、と子供たちに教えているのではないでしょうか？

倦怠という病

人生を好ましいものにするために苦痛を避けねばならないと信じるなら、私たちは、苦痛を感じないようにすることがうまくなるあまり、喜ぶこと、愛すること、希望すること、畏敬することなど、あらゆることを感じなくなってしまう危険があります。私たちは感情の麻痺した状態に陥るでしょう。落込む機会もなく、痛みも悲しみもない、ただいつ果てることのない単調な感情、来る日も来る日も可もなく不可もない日々の保証と引き替えに、自分の人生にはほとんどこれといった見せ場はないという事実を受け容れ、狭い感情の領域のなかで全生涯を送るようになるでしょう。痛みへの恐れのために、何事にも自分の心が感情的に動かされることがないくらい、超然とする技術を習得するでしょう。

近頃、私たちの人生には意味があるという意識を失わせてしまったのは、「倦怠」という病です。多くの人が自分たちの仕事、結婚、友情、趣味に退屈しています。痛ましいほど必死になって、日常からのある種のはけ口を映画や休暇中の旅行に求めます。一部の人は「その時だけ自分が生きていると実感できる」ために猛スピードで車を運転したり、ハンググライダーで空中を飛んだり、カヌーで急流を下ったり、といったあらゆる自滅的な行為をしている自分に気づくでしょう。一部の人は日常の倦怠感を克服し、活き活きと感じることがどんなものだったかを再び知るために、必死にドラッグにすがろうとするのでしょう。一世代前、ドラッグはスラム街における現実逃避の方法、絶望と自暴自棄に代わるもの、苦痛の感覚を止める一手段でした。今日では価格高騰に伴い、ドラッグは退屈しきった上・中流階級の慰み物になりました。それらが使用されるのは苦痛を和らげるためではなく、倦怠から逃れるためであり、気分をよくするためであり、何かを見たり、聞いたり、触れたりするときに高揚する感覚を経験するためです。現実世界では、そうした感情を彼らに与えるものは何もないからです。

万引きや車の盗みで前科を持つことになるティーンエージャー、不倫に走り結婚と評判を台無しにする主婦は、不道徳で有害なことをしようとしているのではないかもしれません。彼らは平凡かつ退屈な人生に刺激を加えるものを、やみくもに探し求めているだけなのかもしれません。ファウストのように、彼らは活き活きと生きているという実感を持つ一瞬と引き替えに、自分の魂を悪魔に売ろうとしています。

私たちは、うまくいかないことの原因は自分のしていることや一緒にそれを行っている相手にあるのであり、倦怠という伝染病の治療法は仕事、連れ合い、居住地区を変えることであり、そうすれば人生はいっそう興味深くなるだろうと思い続けています。ときには変化が実際に必要なこともあるかもしれませんが、たいてい、問題は自分自身の中にあります。私たちは、傷つけられ、失望することを恐れるあまり、感情的に起伏のないような人生を選んでいます。私たちは傷ついたり落胆したりして沈みこまないように感情の床を構築してきました。また落下する危険が大きすぎるので自分を上にのぼれなくするための感情の天井を張っています。それでいて、なぜこれほど身動きがとれないと感じるのか、私たちは不思議に思っています。人生の嵐を通り抜けるため、そして、その時に傷つけられないために精神的な局所麻酔の注射を自分自身に打っています。それでいて、なぜこれほど自分の感覚が麻痺していると感じるのか不思議に思っています。

感情の働きの成熟化と人間的成長

グリム兄弟によって収集されたおとぎ話の一つに『恐怖を学びに出かけた人のお話(*The Tale of the one Who Went Forth to Learn Fear*)』という話があります(*The Juniper Tree and Other Tales from Grimm*, L. Segal and M. Sendak; Farrar Straus Giroux, 1973)。それは何をしても恐れを感じない若者の話です。彼は恐れという感情を持てないことで、自分は不完全な人間である、と感じています。そこで彼は武者修業に出かけ、亡霊、魔女、火を噴く竜に出会い、身の毛のよだつような冒険をしますが、身震いすら感じません。彼は最後の冒険の旅路で、邪悪な魔術にかけられた城を解放します。王様は感謝し、自分の娘を結婚相手として彼に与えます。ヒーローとなった彼は、自分は彼女を好いているが、恐れを感じられるようになるという使命を果すまで結婚してよいか確信が持てない、と花嫁となる彼女に話します。(少なくともグリム兄弟の子供版では)結婚式の夜、妻が掛け布団を引っ張り、小魚がたくさん入ったバケツ一杯の冷たい水を彼に投げかけます。彼は「私の愛する妻よ、いま身震いするということがどんなことかがわかった」と叫び、彼は幸せになります。

この奇妙なお話は何を意味しているのでしょうか？　ブルーノ・ベッテルハイム〔一九〇三―一九九〇年。オーストリア生まれの精神分析家、心理学者〕が著書『昔話の魔力（*The Uses of Enchantment*）』のなかで解釈しているとおり、この物語は、男であれ女であれ、感情面で成熟し自らの感情を隠さずに受け容れることができるようになるまでは、この世界で何を成し遂げようとも人は現実には大人になっておらず、大人の生活を送る準備もできていないことを暗に伝えているように思われます。この話の主人公は、不安や恐怖を感じることができるようになるまでは、愛や喜びを感じることはできません。おそらく彼は、傷つかぬように努め、自分自身をあらゆる感情に対して無感覚にしている私たちすべての象徴なのでしょう。ただし、私たちはおとぎ話の主人公とは違って、自分には何が足りないかさえわかっていないのです。

6章

「愚者の歩みは闇に」

現代の悪玉役

何年か前の夏、あらゆる年代層の映画ファンは地球外生物の物語『E・T』に魅せられました。先進文明世界からふとしたことで地球にやって来た生物の物語が、すべての時代の映画作品のなかで最も愛され、収益をあげた作品の一つとなりました。この映画の大半は、E・Tを愛し、E・Tに愛されたいとひたすら望む子供たちと、E・Tを捕まえ、研究したいと望む科学者が闘う話です。自由な気質の若者と権威にとらわれる大人との衝突は、警官と泥棒、カウボーイとインディアンの闘いと同様、映画の定番です。しかし『E・T』は、こうした物語に新味を加えました。『E・T』のなかの悪役は、単に規則を押しつけようとするだけの大人ではありません。科学の進歩の名のもとに愛を主役の座から引きずり降ろそうとする科学者たちです(『E・T』公開の一年あまり後の映画『スプラッシュ』には、本質的に同じ話が描かれています。愛を求めて陸にあがり、愛されることを期待した人魚を科学者が捕らえ解剖しようとします)。

いっぽうで、論理的に考える人間の能力は、このうえもない栄誉と言えます。哲学者はアリストテレスの時代からその能力を動物と人間を区別する特質と見なしてきました。聖書の冒頭にある創世記で動物たちに名をつける者としてアダムが描かれていますが、そこでは、論理的に考え、物事を範疇ごとに分類できる他に類を見ない能力に賛辞が表されています。人間だけが知性を用いて、道具をつくり、機械を組み立て、環境を変えることができ、本を書いたり、交響曲を作曲したりすることができます。

頭で理解すること、体験で知ること

しかし他方、私たちの理性は理性そのものには限界がある、と私たちに告げています。カエルを解剖すれば、カエルがどのようにできているかについての情報を持てます。しかし、もはやカエルは生きていません。人魚や地球外生物を解剖し、分析するなら、科学的な大発見になるかもしれません。場合によっては、ノーベル賞さえ受賞するかもしれません。しかしその場合、もはや私たちを愛してくれる友人であったそれらの生物はいなくなり、多くの人にとってそのような情報量の増加はそれほど価値あるものではありません。聖書で使用されているヘブライ語動詞の「ヤーダー」(知る)は、「理解する(understand)」という英語の言葉といくらか同様に、人や物事についての情報を持つこと、あるいは、誰かと親密になることを意味します。しかし、私たちは、人と距離を置いて分析することと、人と親しくなって知的に理解する以上にその人を経験することのいずれかを選ばねばならないように見えます。

快楽を求めるにはあまりに年をとり、あまりに冷笑的になったコヘレトは人生の意味を見つけようとして哲学に目を向けますが、体験を通して知るのではなく、知的に「理解」しようとしました。彼はあらゆる書を読み、あらゆる講義を聴きました。しかし、学んだことは、人生の意味を哲学のなかに見つけることはできないということでした。いかに生きるかについて多くの情報を持つことは、水に入らずに泳ぎについての、バイオリンを手に取らずに音楽についての多くの情報を持つことと同じです。

優等生への警告

一九八五年六月、コーネル大学の卒業式に招かれ、式辞を述べました。私は、卒業生たちにこう話しました。卒業生の平均的な年齢が二十一歳、二十二歳であるなら、ベトナム戦争の大半が起きたのは、あなたたちが子供だった頃なので、何が起きていたのかを理解できなかったでしょう、と。「最良かつ最高に聡明な人々(The best and the brightest)」という表現のなかに皮肉が込められていることが卒業生たちにはピンときませんでした。「最良かつ最高に聡明な人々」とは、アメリカを最初にベトナム

クイズの正解

B

漱石クイズ

漱石が、東京帝国大学の講師を断って入社した新聞社が発行した新聞はどれか？

A 大阪毎日新聞
B 東京朝日新聞
C 郵便報知新聞
D 読売新聞

正解は裏面です

に介入させ、そしてよりいっそうの深みにはまらせた政府高官たちを意味しました。政府高官たちは否定しようのないほど聡明であり、超一流大学の優等卒業生で、当時における最高度に精巧なコンピューターから出力された山のような量の情報で理論武装していましたが、それでもなお間違った判断を下し続けました。彼らは知性と情報を持っていました。しかし、持てる情報をどのように利用するかについての叡智と本能的感性を欠いていました。

私が示唆する叡智の本質とは、人間の理性の限界を尊重することと、理性の入り込めない現実の広大な闇の領域に対して畏敬の念を持つことです。

アイビーリーグの教育が知力を伸ばせても謙虚と畏敬の意識を萎縮させるなら、当世の「最良かつ最高に聡明な人々」になる恐れがある、と話しました。そうした教育を受けた人たちは、人々を導けるほどの頭のよさを備えていても、どの道を行くべきであるかがわかるほどには聡明ではないからです。卒業生の一部は医科大学院に進むでしょう。彼らが化学や生物学のみならず、生命の奇跡と人体の驚くべき複雑さへの畏敬の意識を学ぶように期待する、と述べました。また、ある慢性の病気については、見事な診断や精巧な医療機材によっては治療できなくとも、愛することや気遣うことによってのみ癒すことができることを学ぶように期待する、と話しました。謙虚と畏怖の念を持たないならば、医師たちは、人間に対して自動車整備士と変わらない措置をとることになり、患者を決して癒やすことはできないでしょう。

卒業生の一部はビジネスで成功するでしょう。ですから、思いやりのない知性、心をもたない考え方、コンピューターが打ち出したデータ、合理的意思決定が、不必要に人を傷つける決定を下すことがないように、と私は警告しました。そのような場面での人間の魂への畏敬の念は、最終損益への関心以上に彼らにとって価値があるに違いない、と話しました。

知的才能に恵まれた指導者が人々をどこに導いたかを知った結果、また、二十世紀の大小さまざまな惨事の結果、私たちは、知性を人生の道案内とすることに疑いを持つようになりました(ヨーロッパで最も文化的な国民がホロコーストに乗りだした事実から、最も創造力ある科学者が大気や飲料水を汚染させた事実までを知ったことからです)。二十世紀における私たちのあらゆる思考に影響を与えているジークムント・フロイトの教えは、私たちは自分が論理的理由で行動していると考えているかもしれないが、おそらく実際には自分たちにも理解できない理由で行動しているということを私たちに気づかせてくれます。

理性だけで理解できないこととは?

コヘレトは全生涯を通して聞いてきた金言「賢者の目はその頭に、愚者の歩みは闇に」の真理を確かめようとします。彼はそれが真実であることを期待しました。愚かであるよりも聡明であること、無知であるよりも学識がある方がずっと好ましいことを保証してほしかったのです。いっそう学んで研鑽を積めば生きるためのカギを見つけられ、無知な人間は人生の羅針盤を持たないために人生の荒波に押し流され、見捨てられるという確信が必要でした。とどのつまり、彼は聡明で思慮深い人間であり、教養のある、よい学徒でした。では、それは彼の人生を避けがたい死と世の中からいつの間にか忘れられてしまうことから守ってくれるに足るものでしょうか。愚者ではなく聡明な人間であることは実際に違いをもたらすのでしょうか。

しかし、コヘレトは、賢者には物を見る目があっても、聡明さが役に立つことには限界がある、ということを学んだにすぎませんでした。おそらく私たちも頻繁に見てきているように、コヘレトは頭のよい人間が愚かなことをするのを見てきました。「合理化する(rationalize)」という言葉のニュアンスを考えてみてください。合理化するとは、間違ったことをした後で、それを正当化する理屈をひねりだすことです。なすべき正しい行為をつきとめるために知性を用いるのではなく、誤った行為への小賢しい口実づくりに用います。

おそらくコヘレトはE・Tを好きになるのではなく、「理解」しようとする科学者たちのように、気遣うよりも分析し、感情的な関わりを避ける手段として知性を用いる聡明な人間を目にしたことでしょう。賢者が昼の光のなかを、愚者が闇のなかを歩くならば、日の光を浴びることで損なわれるものはあるでしょうか？　人生の喜びのいくつかは分析され、理解される必要などなく、体験されることに意味があるのではないでしょうか？　ある古典的な漫画には、「どうかお願いだから、私を理解しないでくれない？」と母親に言って腹を立てるティーンエージャーが登場します。

愚者は闇のなかを歩く、といいますが、私たちは人生の半分を闇、つまり夜の時間のなかで過ごします。そうした闇のなかで心地よく生きることができるように、完全には理解も統御もできない感情に身をまかせて、私たちは人生の一部を「愚者」として過ごすことを学ばねばならないのかもしれません。闇を恐れるのと同じくらい、率直に感情を表明することを恐れる多くの人たちを私は知っています。彼らは愛や喜び、怒りに怯えます。これらの感情は押さえが利かないと感じているからです。怒ったり、恋に夢中になったりすることもできないのは、それが感情が一人歩きしてしまうことを意味し、彼らを怯えさせるからです。彼らは、理屈どおりにならない感情を扱うことは、厄介なことだと感じています。（パンドラの箱についての古代の寓話は、神々によって封印された箱を与えられ、それを決して開けてはならないと言い渡されたパンドラという女性について語ります。言うまでもなく、好奇心旺盛なパンドラはその箱を開けてしまいます。すると、あらゆる種類の災いが飛び出してきます。これは女性がどのようにこの世界に厄介事を持ち込んだかを説明する物語ではないと私には思えます。むしろ、男たちが感情を危険視するがゆえに、自分の人格の感情的側面にカギをかけて身を守ろうとするのに対し、女性はそれほど感情を恐れないというたとえ話ではないではないでしょうか？　ちなみに、ギリシャ語でパンドラとは「多くの贈り物」という意味です。）

闇と不合理な世界が教えるもの

自発的、かつ熱心に神に奉仕し、自分が何をしているのかを絶えず考え、単純で無学、世間ずれしていない人を「聖なる愚者」と呼ぶ伝統がユダヤ教、キリスト教の双方にあります。聖なる愚者の奉仕が格別に愛されるのは、彼と神の間になんら知的な垣根がないからです。中世キリスト教の最も愛された物語の一つは、「聖母と軽業師」の物語です。忠実な信徒の一人ひとりが男女を問わず無原罪のマリアの祭日を祝うため、聖母に贈り物を持ってきます。それらは手編みのタペストリー、宝石をちりばめた冠といった見事で高価な品々でした。一人の貧しい純朴な若者には、持参できる贈り物はなく、それを買う金もありませんでした。しかし、彼は軽業ができました。そこで彼は聖母マリアの像の前で、上品な見物人たちが毛嫌いするダンスと軽業を演じました。彼の軽業は真心のこもったものであり、すべての贈り物のなかで聖母に最も喜ばれる贈り物となった、という話です。

人生の一部を闇のなかで過ごすことになるなら、そこに待ち伏せているかもしれないあらゆる危険を意識すべきでしょうか？　それとも、すべてに答えを持てることはできず、自分次第で未知なる道を見いだせるとも限らないと自覚し、「愚者」として歩むべきでしょうか？　二十世紀の二つの世界大戦と数え切れないその他のより小さな戦争で、何千万もの人々が殺されました。そうした数々の戦争の多くは理性的、知的な人たちによって計画され、実行されました。戦争が終るたびに、理性や知性、さらにそれらが私たちをどこに導いたかに私たちが幻滅しても無理はありません。近頃、私たちはキリスト教やユダヤ教、イスラム教の原理主義と過激主義の再興、および不合理な考えがもてはやされる様子を目にしてきました。大学のキャンパスでユダヤ教徒の学生がヤルムルク〔縁なしの小さな丸帽で「キッパ」とも言う〕をかぶり、中東出身の女子学生が顔をベールで覆う格好を見てきました。それらの象徴的意味は非常に異なっていますが、どちらもいわゆる現代世界とその価値観を拒絶するものであり、神の助けなしでは人間の知性は真理を発見できないという主張を含むものです。私たちは前例のないほど、信仰治療者《ヒーラー》や福音伝道者のテレビへの登場を目にしています。闇のなかを歩いているのは、「最良かつ最高に聡明な人々」であり、見る目を持っているのは、理性を持たない「聖なる愚者」だけである、という彼らのメッセージを何百万もの人々が受容しているかのように思えます。

現代人が忘れたもう一つの言語

人生を歩む進路の構想を練るにあたって、コヘレトは知性という能力に失望したのでしょうか？　彼は理性への信仰を決して放棄してはいないと思われます。さらに、神秘主義に陥ることもなく、自身の懐疑主義を宗教的原理主義者の見解に取り換えることもありません。結局、理性を主題とする書を書くことになります。とはいえ、彼は、次のように言っているように思われます。「私は、何もかも学んできた。理性が自分に知らせてくれるかぎり、それに沿って生きてきたけれども、それは、まったく十分ではなかった。それ以上のものが必要だ。理性が導けない類いの真理が必要だ。

しかし、私は論理的かつ理性的な人間であるので、どこでその真理を見つけられるかがわからない。医師や哲学者は生や死について話してくれ、彼らに耳を傾けるとき、どれもきわめて有意義ではある。しかし、有意義であるならば、なぜ私は依然として、死んで消え去ることを恐れるのだろうか？」彼がその問いへの答えをいつか見つけるとするなら、その答えは、少なくとも合理的レベルでは、道理にかなっていると言えないものとなるのではないでしょうか。

ずっと以前、私が若かったころのことですが、父の仕事仲間が格別に悲劇的な状況のもとで亡くなりました。私は父と一緒にその葬儀に行きました。未亡人と子息たちは、悲しみを和らげ、気持ちを癒やそうとしている聖職者や精神科医たちに付き添われていました。彼らはこのようなときにかけるべき言葉を心得ていましたが、なんの役にも立てませんでした。遺族たちの悲しみはまったくおさまりませんでした。未亡人は、「ええ、あなたのおっしゃるとおりです。でもこの悲しみはおさまらないのです」と言い続けていました。やがて玩具とゲームの業界の伝説的人物、がっしりした体軀の八十代の大男が歩いてきました。彼は若い頃、ロシア皇帝の秘密警察に逮捕され拷問された後、帝政ロシアから逃れてきました。彼は無学、一文無しでこの国にやってきて企業を興し、大成功を遂げました。きびしい交渉相手、情け容赦ない競争相手として知れわたっていました。彼は成功を遂げたにもかかわらず、読み書きを学ぶことはありませんでした。手紙を自分に読んでくれる人間を雇いました。この業界のジョークの一つは、次のようなものでした。「彼は百万ドルの小切手を振り出すことができる。しかし、彼にとって最も辛いことは下段の署名欄に自分の名前を書くことである」。近頃、彼が患っていることは、表情と足どりを見れば一目瞭然でした。彼は未亡人のところまで歩いて行ったかと思うと、そこで泣き始めました。未亡人も彼と一緒に泣きました。誰もがその部屋の雰囲気が変わったことを感じ取りました。生涯に一冊の本も読んだことのないこの男性は心の言葉で語り、学識豊かな医師や聖職者たちが得られなかった、慰めの扉を開けるカギを手にすることができたのです。

理性が働く世界、理性が及ばぬ世界

人間の知の力は偉大であり、おそらく、それは進化の過程における議論の余地のない神の御手の証です。人間はその他の多くの被造物よりも、はるかに弱く、発達も遅く、より攻撃にさらされやすい状態で生まれてくることにあなたが気づいたとき、自分たちの知能を世界に対して適用することによって、はじめて人間は生き残ることができたのだということを理解するようになるでしょう。他の動物が毛皮や羽毛で身を守るのに対し、私たちはいかにして衣服を編むか、いかにして家を温めるかを学んできました。他の動物たちが大きく硬い筋肉を発達させるいっぽう、人は機械をつくりあげてきました。人間の知の力は、命を長くするために、薬を創り出し、人工心臓を考え出しました。それは、私たちを奮い立たせ、いっそうあわれみ深い存在にする本を書かせます。とはいえ、それにも限界があります。そこにはおそらく、答えを出せない最も重大な質問を含む問題があります。パスカルが述べたように、「心には理性ではわかり得ない理由がある」というものです。

私が神学生だった頃、学生組織は二派、すなわち、理性主義派と神秘主義派に分かれていました。前者は人間の知の力によって理解され説明できるものであるとして伝統に接近します。後者は魂によって経験されるしかないものであり、理解されることも説明されることもできないものである、として伝統に接近します。あのころの私は理性主義側の論理を強硬に振りかざしていました。私たちは相手陣営を中世の神秘主義者と見下していました。この陣営の神秘主義の考え方は、学卒の信徒会衆に真面目に受け止めてもらえないであろう、と。相手陣営は、私たちを無味乾燥な律法尊重主義の支持者だと決めつけ、知性を啓蒙することができても、決して奥深い魂に関与することはできず、人間のごく表層の意識以上には届かない議論である、と一蹴しました。当時、私たち理性主義派は宗教を説明し、それがいかに道理に合うかを示すことができれば、人々を説得できると信じていました。とどのつまり、私たちは知的かつ合理的な人々を相手にしていました。彼らが理性に耳を傾けないことがあろうか、と。しかし、私たちは、愛、忠誠、希望といった人生の最も重大な次元にある多くのものと同様に、信仰は理性が届かず、知の力を存分に発揮できない広大で闇の非合理的な領域に根ざしているということを理解していなかったのです。

年輪と共に知り得る不合理の世界

アドレー・スティーブンソン〔一九〇〇―六五年。アメリカの政治家、民主党大統領候補、国連大使〕は、かつてこう書きました。

「二十歳ではわからず、五十歳になってわかることのほとんどは伝達できないものである。容易に伝達され得る人生についての情報はすべて、五十歳と同じくらい注意深い二十歳の人間にとってもよくわかるものである。若者はそれらすべてを聞き、読んだとしても、それらのすべてを行ったのではない。二十歳ではわからず五十歳でわかることとは、お定まりの知識や決まり切った言葉ではない。それは、言葉によって得られたのではなく、じかに触れたこと、目にしたこと、耳で聞いたこと、勝利したこと、失敗したこと、眠れなかったこと、全力投球をしたこと、愛したことといった、この世界と自分自身、他の人々についての人間の経験と感情によって得られた、人々、場所、行動に関する知識である。おそらく、そこにはあまりにもささやかで目では見ることのできない信仰や、畏敬の念も含まれる」(William Attwood, *Making It Through Middle Age*, Atheneum, 1972, P 107 からの引用)。

私がさらに二十五年の歳月を重ね、より分別をつけて成長を遂げ、人は熟年になると手つかずにしてきた人生の空白部分に立ち戻りその空白の中身を埋めようとする、というユングの予言を実現しようとしたとき、気がつけば理性的な伝統と同じくらいユダヤ教の神秘的な伝統を引き合いに出していました。再三再四、学生時代には辛抱できなかった本を開くようになりました。「道理に合っていない」と思っていた慣習や宗教儀礼の真価がわかるようになりました。まさに私をとりまく現実世界に昼と夜があるように、自分の内面の世界、知と感情にも同様の循環が存在します。ときに私たちの人生の務めは、闇あるところに光を投じ、周りに起きている物事の意味を明らかにし、それらに関連性を見いだし、説明することです。しかしまた、別の時には、説明のできない、おそらく説明を加えるべきではない闇を私たちが暮らす世界の一部として受け容れることが、私たちの人生の務めとなります。

映画の最終場面で、E・Tは追跡してくる科学と理性の大祭司たちの手を逃れ、ふるさとに戻るため宇宙の闇に向かいます。映画『スプラッシュ』の最終場面で人魚と彼女の人間の恋人は同じように警察と科学者を振り切り、海底の闇のなかへと逃れます。そして、私たちも、ある日ついに闇のなかに姿を消すでしょう。私たちがいかに生きるべきかを学んだなら、賢明にでもなく愚かにでもなく、勇敢に恐れることなくそのことに立ち向かえるでしょう。

7章

神を畏れる人とは？

人生の残り時間が少なくなることへの焦燥感

コヘレトは、歳を重ねて、人生の残り時間がなくなりつつあることを絶望的に感じ、意味あることをしないままに人生が終わってしまうという恐れを正直すぎるがゆえに押し殺すこともはねつけることもできず、そうした意識の虜になっている男であるように私は想像できます。確かに、彼は金持ちであり、その人生は楽しいものであったでしょうが、それは束の間のことです。財産は人生の変遷によって消える、もしくは、最期には自分の手中から抜け落ちます。金持ちが嫌われ者で孤独であったり、病気になったりすることもあり得ます。人生が終わるや否や、すべての快楽の瞬間《とき》も消え失せます。ついには、彼は自分を守ってくれる富も気晴らしも持てずに、あの闇の世界にひとり立ち向かわねばならなくなるのがわかっています。他の誰かに「手にした好機と優位な立場を活用して、人生で何をなしたのですか?」と尋ねられたなら、もしくは、そう自問したなら、なんと答えるでしょうか? 金を儲け、多くの書を読み、たくさんのパーティーに出かけたと言うでしょうか? 人生はそれ以上のことであるはずです。

人生のこの時点において、コヘレトは賢明で、多くの書を読み、学んでいたので、自分につきまとう疑問には彼の全知識をもってしても答えが出せないことがわかるようになっていました。ある日、彼は本を書き、そのことについての答えを出そうとします。しかし、それにとりかからぬうちにもう一つの道を追求します。自分の人生を成功させ楽しいものにするだけでなく、永続的な意味で正しいものにするためのことを必死に行おうとします。知識や理解の壁を飛び越え、理性が導いてくれない、はるか彼方に辿り着こうとしたのです。歳を重ねるにつれ日常的に挫折感を抱くようになったコヘレトは多くの人々と同様に、宗教に目を向けます。これから先は迷ったり、疑問を抱いたりすることはないだろう、と。コヘレトは神への奉仕と神の意思を行うことに心から打ち込みます。

人間は永遠には生きられません。言うまでもなく、それはコヘレトの全探求の出発点であり、彼の希望をことごとく打ち砕く岩のようなものでした。富者も貧者も、賢者も愚者も等しく死に、忘れ去られるように定められているとき、金持ちであることや、賢いことにどんな意味があるのでしょうか？　しかし、神は不朽であり永遠の存在です。もし私たちが不朽の神につながり、神への奉仕に人生を捧げるならば、それが効を奏さないでしょうか？　それは死を欺き、自分のすべての努力は無意味だったという徒労感や、終局感を避ける手段ではないでしょうか？　コヘレトは朽ちることのないものを手に入れようと望み、永遠に正しく真理であることを実行しようとしはじめます。

コヘレトは、それがなぜうまくいかなかったかを決して語りません。彼はひどく個人主義的な人間であったので、彼自身いつか死に、消えてゆくことになるのに、永遠に朽ちない価値に尽くすことになるという見通しに満足できなかったのかもしれません。あるいは、外面は最も敬虔に見える人の心が腐っていることを知り、敬虔な生き方にそれだけの値打ちがあるかと疑いを挟むことを身につけてしまい、宗教という大義名分に偽善や卑劣さを見るようになったのかもしれません。彼は悪人が神殿近くでうやうやしく葬られているいっぽうで、正しく謙虚な人が忘れられ、墓を訪れる人もいないことを見たと八章十節で書いています。おそらく、彼は生涯の批判癖や懐疑癖を変えるにはあまりにも年を取りすぎていました。しかし、理由が何であれ、そのうちに「神殿に通う足を慎むがよい」(コヘレトの言葉　四章一七節)という考えが現れます。また、「善人すぎるな、賢すぎるな　どうして滅びてよかろう。悪事をすごすな、愚かすぎるな　どうして時も来ないのに死んでよかろう。一つのことをつかむのはよいが、ほかのことからも手を放してはいけない」(七章一六―一八節)とも記しています。

つまり、信仰篤い人生と罪深い人生との清濁を併せ呑め。なにごとにも節度を守れ！明らかに篤い信仰だけが答えではない、と。

信じた神に見放されれば生きる足場を失う

神があなたを見捨てることは大きな衝撃です。神をどのように心に抱き、神にどのような名をつけるにせよ、ある仮定のうえに人生の基盤を据えたにもかかわらず、それらが自分の足もとで崩壊することは破壊的な体験です。信じた神学が正しくないばかりか、この世には正しいものが何も存在しないと感じます。信じていた神と絶縁し、現実の結果、自らの人生の基本的な前提が間違いであることを否が応でも認めざるをえなくなるならば、人は世の中のすべてに意味がないと思うようになります。共産党に身も心も捧げ、何年もの間、残虐性や偽善に目をつぶってきた一九二〇～三〇年代の理想主義的な知識人のことを私は考えます。彼らが一生懸命に尽くしてきた大義の真実に最終的に対峙しなければならなくなったとき、もたらされたのは単なる教訓や失望以上のものでした。彼らの人生の道徳的基盤の破壊だったのです(事実、幻滅した元共産主義者についてのある本には「失墜した神」という書題がつけられていました)。

カミュの小説『ペスト』のなかで司祭パヌルーは、街でペストが突然発生したのは、神が下した彼らの罪への審判であり、神は究極的に何事にも最善の答えを出されると再三再四、信徒に説きました。無辜の子供が苦しんで死んでから間もなく、パヌルー神父自身も病にかかり、その後すぐ命を落とします。人々は彼が死んだのはペストのためではなく、彼が全生涯を捧げてきた信仰原則がまやかしであったことが証明されたという経験からではないか、と勘ぐりました。これまで信じてきた信仰原則の支えなしに、彼はどうして生きることができたでしょうか？　彼の信じた神は彼を見放しました。

コヘレトの信じた神もまた彼を見放しました。彼は安心と平穏を求め、また、恐れと迷いから解放されることを求めて神への奉仕に身を砕きました。彼が探し求め、必要としたものを宗教に見つけることができなかったのは、おそらく彼の落ち度ではないでしょう。コヘレトが宗教に間違ったものを求めたことも、明らかに神の落ち度ではありませんでした。もし、落ち度があったとすれば、それは、当時理解されていた宗教の性質にあった、と言えるかもしれません。

恐怖や服従を強調する宗教

聖書には「宗教」にあたる言葉はありません。この概念はきわめて抽象的なものです。これに最も近いのが「神を畏れること」という表現です。「神を畏れること」という言葉はあなたにとって何を意味するでしょうか？　天に住む全知全能の権威ある存在で、雷鳴のように恐ろしい口調で自身の意向を伝え、私たちが従わなければ打ちのめすという神のイメージを呼び起こすでしょうか？　人が心にひそかに抱くありとあらゆる思いや行いを知っていて、悪いことをすれば罰する神を考えるでしょうか？　そうであるなら、今日のあらゆる年齢層の人たちと同様に、その宗教理解は罰への恐れに立脚することになります。その理解のもとでは、宗教は、神の命令に対し、私たちが服従すれば報いられ、服従しなければ罰せられる、というものとなります。これはコヘレトの時代の多くの人が宗教を理解する際の考え方でした（「あなたたちがわたしの掟に従って歩み、わたしの戒めを忠実に守るならば、わたしは時季に応じて雨を与える。……あなたたちは食物に飽き足り、国のうちで平穏に暮らすことができる。……しかし、わたしの言葉を聞かず、これらすべての戒めを守らず、……わたしの契約を破るならば、……わたしは……あなたたちの上に恐怖を臨ませ、肺病、……熱病にかからせる。あなたたちは種を蒔いてもむなしい。敵がそれを食べ尽くす」（レビ記二六章三―一六節））。

これが、コヘレトが宗教を人生の根本理念に据えようとしたとき、満足を見いだせなかった理由です。恐怖に立脚した服従は、探し求めていたものではなかったことを、時代にさきがけて彼は十分に意識していたのかもしれません。

ピアジェによる児童の発達理論

本章の重大な哲学的核心を述べるにあたり、個人的な話から始める必要があります。一九六一年のことですが、私はオクラホマ州フォート・シル駐屯の合衆国陸軍付き聖職者《チャプレン》でした。東部で開かれた会議に出かけ、飛行機でニューヨークからシカゴ乗り換えで、オクラホマに戻るところでした。そのニューヨークからの便に遅れがでたので、乗り継ぎ便を逃し、次の便が出るまで数時間、シカゴで待機しなければならなくなりました。その時点で、持参していた本はほぼ読了寸前であり、さらに二時間の待ち時間とその先二時間の飛行時間があることに気づきました。読むものがなにもなくとも、退屈せずに列車を待ちながら過ごせる人が知識人である、とかつてロバート・ルイス・スティーブンソン〔一八五〇―九四年。イギリスの小説家〕は定義しましたが、その定義からすれば、私には知識人の資格がないと思います。時間を埋めるために本を必要としたからです。シカゴのオヘア空港のペーパーバック売り場で本を探しました。

表紙に肌を露わにした女性が登場していないほぼ唯一の本が、ジャン・ピアジェ〔一八九六―一九八〇年〕の『児童の道徳的判断 (*The Moral Judgement of the Child*)』という題名の本でした。私はピアジェについて知りませんでしたし、以前にこの人の本を読んだこともありませんでした。しかし、聖職者章のついた姿で、どぎつい表紙の小説を抱えて搭乗するよりはましなので、ピアジェの本を買うことに決めました。その本とピアジェの思想は、私の人生と考え方を再形成する力の一つになり続けました。私は、自分の搭乗機がその日、四十分遅れることなく定刻どおりニューヨークのラガーディア空港を飛び立っていたなら、人生はどれだけ違っていただろうか、とときどき思います。

ジャン・ピアジェはスイス人の心理学者で、子供が知的にどのように成長するかという問題に心を奪われていました。どのくらいの年齢で子供たちは「私の」とか「あなたの」という概念を理解しはじめるのか？　それぞれ異なる年齢において、子供たちは時間や空間、真理、ごっこ遊びについて何を理解しているのか？　彼の研究によって子供の思考過程についての幾多の著作がもたらされました。

『児童の道徳的判断』は、正しい、間違っている、許される、禁じられている、といったことについての子供の概念を取り上げます。ピアジェは子供を安心させるように単純なやり方でデータを収集しました。ジュネーブの街頭に出かけ、ビー玉遊びをしている子供に近づいては、三つの質問をします。

きみはいくつなの？
どうやってビー玉で遊ぶのかな？
そのような遊び方をどうやって知ったの？

ピアジェがこの調査から強い印象を受けたのは、あらゆる種類のルール、宗教的または世俗的な権威、ルール違反の重大性、ルール変更の手順に関するさまざまな年齢における子供たちの態度でした。ピアジェは権威についての子供の意識の発展には三つの段階があることを発見しました。

幼児たちはゲームのルールを理解し、またそれを与えられたすべてのルールに拡大し、疑問の余地のないほど高度の権威によって言い渡されたものであると見なしています。自分がどのように遊ぶか、行動するかはすでに取り決められているのであり、違ったやり方で遊んでみようとは決して思いつきません。ピアジェはこれらの幼児に「なぜそのようなやり方で遊ぶの？　このゲームを違ったふうに遊んでみたらどうかな？」と尋ねました。子供たちは怪訝そうに彼を見つめ、「でもね、そういうやり方は正しくないの。そんなやり方で遊んだら、ビー玉遊びじゃなくなっちゃうよ」と言いました。ルールはルールであり、それを受け容れ従うことで、その遊びのプレーヤーの一員になれる、というのです。

子供がさらに成長し青少年期に近づくにつれ、まさにすべての権威に疑問を持ちはじめるときに、それらのルールに疑問を抱きはじめることをピアジェは発見しました。いまや子供たちは大人の質問に促される必要などありません。彼らは「そうしなければいけないと誰が言っているの？　僕らが遊ぶゲームだよ。僕らが望むルールをなぜつくれないの？」と自問します。概して子供たちはたくさんの馬鹿げたルールをひねり出したり、ときに、ゲームに面白みがなくなるまで簡単にしすぎたり、ときに、歯が立たないほどゲームを難しくしたりする無責任な段階を経ます。やがて、自分たちはルールを作り変更する権限を持っているが、そのルールは公平で理屈にかなったものでなければならないという結論に到達します。そうでなければゲームをすることに面白味がなにもなくなってしまうからです。

この時点で子供たちは成熟への入り口にまでやってきたとピアジェは言います。ルールは「上から」与えられるものではないことを彼らは理解します。ルールは自分たちと同じような人間によって作られ、試され、時間の経過のなかで完成され、さらに自分たちと同じような人間によって変えられ得ることを理解します。「よい」ということは、もはや単にルールに従うことを意味しません。いまやそれは、私たちが公正で義にかなった社会に生きることを享受できるのと同じように、全員にとって公平なルールを評価し、作る責任を分かち合うことを意味するようになります。

ビー玉遊びにおけるこれらの態度は、すべてのルール、すべての権威に対する私たちの態度の理論的枠組みであるとピアジェは示唆します。私たちが幼くて非力だったとき、ルールの源を全知全能であるかのように思い描きます。ルールを受け容れ従うことによって、指導を正しく理解していることを示します。いわゆる「よい」子供は、必ずしも寛大で道徳的に感性の高い子供ではなく、御しやすく従順な子供です。この段階では、他の人間、他の文化、他の宗教は自分たちとは違ったルールを持っているという考えを受け容れることは難しいのです。自分たちが正しく、別の人たちが異なっているなら、あの人たちは間違っているに違いない、ということになります。自分たちが基準であるという考えです。人が自分とは違うものを食べ、違うものを着て、自分たちとは違うやり方で祈ると、「おかしい」とか風変わりに映ります。耳にイヤリングをつけるのはふつうの人がしていることですが、鼻に鼻輪をつけるのは奇怪なことになります。

子供たちが青少年期に入ると、彼らは突然、「よい」子供でいることに関心がなくなります。従順であることや両親の承認を勝ち取ることは、もはや彼らの最高の価値ではなくなります。本当はそれほど面白くないということに気づくまでビー玉遊びで馬鹿げたことをしていたピアジェの発達理論の第二段階の調査対象者のように、青少年期の子供は、どれだけ自分がルールから自由であるかを誇示する過程でたくさんの馬鹿げたことをし、ときに自分自身や人を傷つけます。ティーンエージャーを育てたことのある人なら誰でも知っているように、彼らは親や他の権威ある人の話に耳を傾ける心境になく、むしろ好ましい助言をはねつけるでしょう。それが「自由」であるという彼らの考えです。

やがて運がよければ彼らは責任ある大人の男女に成長し、「よい」という定義は服従以上の意味を持つようになります。それは今や、その力を公正のために用いながら、ルールを評価し、調整することを意味します。

子供の道徳観の発達と宗教意識の進化との類似性

その夜、オクラホマに向かう機中でピアジェの本を読み、自宅に着いてから読み直しました。ピアジェは個々の人間の心が道徳的にどのように成長するかを記述したにとどまらないことに気づきました。おそらく彼はそのことに気づきさえもせずに、私たちの社会における権威の二つの中心である政治と宗教の、歴史と未来の発展についての手引きを私たちに与えてくれたのです。

人間の政治体制の歴史は、ピアジェのビー玉遊びをする一人の子供の歴史の図式に似てはいないでしょうか？　はじめに絶対的な支配者と服従する臣民がいました。専制君主は絶対的な支配権を握り、法律を定め、施行し、命令を発し、自らが適正と見なす額の税を取り立てる権力を持っていました。支配者に忠実であること、遵法精神を持つ市民であること、文句を言わずに兵役に就き、税を払うことだけが、実際の市民の美徳でした。人々が王に従ったのは通常、王を愛したからではなく(彼らが王を愛せたはずがありません。彼らが王を知る機会はほとんどありませんでした)、また、王が自分たちのために最善を望んでいると信じたからでもなく、王の権力を恐れたからでした。

やがて、絶対権力を持つ支配者に対する革命が起き、しばしば混沌と行き過ぎの時代がもたらされました。多くの無辜の人々が恣意的かつ不公正な司法の運用による被害を受けました。それはピアジェの成長の理論の第二段階、つまり青少年期に該当します。革命の混乱は民主主義を生み出しました。すなわち、法が人々の集合的な意志と叡智を反映するためには、すべての人々が立法に関与すべきである、という思想です。支配者は国民全体の選択と同意によってのみ統治をすることになりました。

何世代にもわたる宗教の歴史、また私たちが神を理解した方法とはどのようなものだったのでしょうか？　かつて神は絶対的な君主、王のなかの王として描かれました。神はいかに生きるべきかを告げ、人は神に従い、神の言葉によって生きることでよい人間であることを示せる、というものでした。神は私たちの無条件の献身には報酬を、不実な僕《しもべ》である者には罰を与えます。あらゆる共同体には神のかわりに語り、神の意思がわかるという宗教指導者、専門家がいて、信心深い信徒は彼らに従う義務があると感じていました。神と神の代理人は決して自らを説明しなくともよかったのです。彼らは命令を発し、人々は従うだけでした。

人々が王の神聖な権利〔王の統治権は、神の特別な恩寵によるという「王権神授説」のこと〕に疑問を持ち、統治体を運営するうえでの発言権を自分たちに与えるよう主張しはじめたのとほぼ同時に、人々は、神の神聖な権利にも疑問を抱きはじめました。聖書は神が人に書き取らせたものというより、霊性の息吹が吹き込まれた人間の手によって書かれた文書であると見なされ始めました。特定の律法や習慣は、神の御心から直接出てきたものというより、それらを形成した人々の文化的、経済的環境から生じた結果であると見なされるようになりました。人々はもはや自らを神の「忠実な僕」とは思わなくなりました。彼らは十分に成長した神の子供であることを望みました。ヨーロッパとアメリカにおける政治的民主主義の出現と並行して、人々は信仰と道徳の問題について意見を表明する権利を同じように強く主張しはじめました。

アメリカの環境が、ヨーロッパからの移民によって大西洋の対岸にもたらされたプロテスタント、カトリックさらにユダヤ教の宗教伝統に与え続けてきた強い影響に私は魅了されてきました。権威主義的な宗教上の強い非難も「ここは自由の国であり、何をなすべきかを私に命ずる者はいない」というアメリカの信条に譲歩しなければなりませんでした。ヨーロッパにおいて力のあった中央集権的で位階制によって統御された教会よりも、バプティスト派教会（聖書と個人の良心を最重要視する宗派）、会衆派教会（教会員による各教会の独立自治を重視する宗派）、ユニテリアン派教会（三位一体、イエスの神性を否定した宗派）といった、地方的で、「民主主義的」な統御を強調する教会が見事な成果をあげました。アメリカのカトリック教徒は、教会指導者の教えから逸脱しても、自分を依然として好ましい忠実なカトリック教徒であると感じていました。ユダヤ教徒は正統派に所属することをやめて、宗教指導者による要求のより少ない改革派《リフォーム》の信徒になったり、あるいは、保守派の教義に応答して、宗教は指導者によって押しつけられるのではなく信徒によって形成されるものである、と主張しています。ジュネーブの歩道でピアジェが観察した、ビー玉を投げて遊んでいた子供と同じように、宗教共同体は、御しやすく従順な段階から、拒絶と反抗の青年期を通して成長し、自分たちが生きていくルールを定めるための発言権を要求する自由な成人の共同体へと発展しました。

高度な宗教は必ずしも従順を求めない

ピアジェは、自分は単に選択肢の幅、つまり他に採りうる道徳的行動パターンのいくつかを示しているだけではない、と主張しました。成人が子供よりも十分に成長を遂げ、はるかに成熟しているように、成長の後期の段階は、前期の段階よりはずっと好ましく、十分に道徳的な行動がとれる段階です。どれほど可愛く魅力的な子供であるにせよ、子供にはどこか不完全なものが残ります。同様に、民主主義と権力分立は、野球やチーズバーガーのようなアメリカの単なる好みの問題ではありません。それらは独裁制よりもっと高度で、より完成度が高く、より道徳性の高い社会組織の形態を意味します。たとえば、政府がすべてを統御し、人々が絶えず官憲に怯えているような鉄のカーテンの向こう側の生活パターンは、客観的に見て道徳性が低いのです。なぜなら、そうした生活パターンは、より成熟度の低い、より子供っぽい発達段階を表しているからです。それらの前期発達段階は親と一緒に暮らし、決定を他の人にまかせることを欲する幼児、小さな子供には適切であるかもしれません。しかし、子供から大人に近づいているにもかかわらず、子供っぽい考えやこれらのパターンから抜けきれない人には何かが損なわれています。

　ピアジェの考えが、児童の知性についてのみならず、宗教の未来や、よい生き方を探求することについても私たちに教えてくれるのは、まさにこの点に関してです。従順であることが必ずしも、最も高度な宗教的美徳ではない、ということを彼から学べます。道徳を命令に従うことであると定義する宗教は、子供や未成熟の人間にはふさわしく、総じて文明が未成熟であった時代の人間には適切であったかもしれません。聖書は「主はこう言われる」という言葉で語ります。神の言葉を守る人には報酬を、悪人には罰を約束するものかもしれませんが、これは、道徳の初期発達段階の人々に語りかけたものであったからです。聖書が神の言葉であるのはもっともなこととしても、神の最後の言葉ではないかもしれません。神ご自身の考えを表明する能力に限界があったからではなく、神を理解する人間の能力に限界があったからです。ある宗教が、「よい」こととは「疑いを差し狭まずに服従すること」を意味するという解釈にこだわるならば、そのような宗教は、私たちみなを永遠に子供のままにするということです。

ある信仰者の未成熟性の一例

私は自分たちの宗教にひどく生真面目だった人たちを知っています。その宗教への関わり合いが彼らの生き方を形成するうえで唯一で、最強の力になっていたにもかかわらず、その宗教が彼らにとってよいものであったかどうか、私は疑問を抱きました。一部の事例ですが、彼らには罪に対するはなはだしい強迫観念、うっかりある掟を破ったとか、神を怒らせ、天の父である神の愛を失うような悪いことをしたかもしれない、という恐怖を絶えず持っていました。別の事例ですが「私がどれほど好ましく、どれほど献身的であるかを神がご覧になれば、神は最終的には私をきっと愛してくださるだろう」という態度の人がいます。安息日を落ち着きと魂の活力の回復をはかる日として過ごすのではなく、その日に禁じられていることを犯してしまうのではないかとずっと心配しながら、試練の日としてなんとかやり過ごすユダヤ教徒がいることを私は知っています。モデルの一人に好色な思いを持ったことを気にせずにテレビ・

コマーシャルを見ることができなくなったキリスト教徒や、共同体にとって大変よいお手本になっていることを人がほめてくれるたびに、思いあがりの罪を犯しているのではないか、と恐れているキリスト教徒を私は知っています。すべての行動は「私がどれほどよい人間であるかを神がご覧になれば、神は私を愛してくださるだろう」という精神が引き受けていたのです。彼らの態度には何か不十分なものがあり、彼らの宗教の解釈はどこか彼らの成長を阻んでいるのではないか、という感懐を私は禁じ得ません。

子供でいたい願望につけ入られる危険

私たちの心には子供のままでいたいと感じる部分があります。ピーターパンが大人になりたくない、大人の責任を負いたくないと歌うとき、子供の観客は年をとるのを一年たりとも待ちきれないので奇妙に思いますが、大人たちはそのことを完全に理解します(言うまでもなく原作の脚本を書いたのは大人でしたし、歌に歌詞をつけたのも大人でした)。とりわけ、ストレスの時代に生きる私たちの中には、抱きしめられ、世話をされ、「心配はいらない。私があなたの面倒をなんでも見てあげるからね」と言われたい部分があります。日々、次から次へと決定を下し用件を片付ける責任を負う経営幹部や女性が、病院の患者になり、「私の面倒を見て」という子供同然の態度になるのを私はどれほど頻繁に目にしてきたことでしょうか。他の誰かに介入してもらい、やらねばならない面倒なことすべてを任せて、責任から解放されたい気持ちが私たちの一部にはあります。中世のスペインの修道士がこう日誌に記しました。「私は死んだら天国に行けると確信している。なぜなら、自分自身で決定したことはこれまでなに一つないからだ。常に上長の命に従ってきた。だから、私がこれまで過ちを犯したとすれば、その罪は自分のものでなく、彼らのものだからだ」。

ナチス・ドイツからアメリカに亡命した心理学者エーリッヒ・フロム（一九〇〇―八〇年）は、ドイツ人のような文化度の高い教育のある国民が、どうしてヒトラーのような男に権力を持たせたかを解明しようとしました。著作『自由からの逃走（*Escape from Freedom*）』で、彼は一つの答えを提示します。人間は、ときに、人生の問題があまりにも手に負えなくなると、絶望して匙を投げてしまう、と彼は言います。そうしたなかで、ある人物が現れて自信に満ちた大きな声でこう言ったとしましょう。「疑問を持たずに私に従え。なにごとも私の命じることを行え。そうすれば、私はこの困難からあなたを導き脱出させよう」。多くの人は、それをとても魅力的な申し出と感じるでしょう。人生が困難になるとき、「あなたの小さな頭でそのことを心配することはない。私にそれを任せなさい。お返しにこちらが欲しいものは、感謝と完全な服従だけです」と誰かに言ってもらいたくなるのです。

真の宗教の果たす役割

人生が複雑になりはじめるとき、私たち大人の体のなかにいる子供の部分が、誰かに介入し肩代わりしてもらいたいと自分に話しかけます。もし宗教がそのような願いに迎合し、宗教指導者が何をしたらよいかを告げてくれ、代わりに服従と感謝を求めて子供同然の従順と依存のなかに人を引き留めるとき、その宗教は私たちに害をもたらします。これがコヘレトの時代の宗教が彼を躓《つまず》かせたゆえんです。人々が「これは難しすぎます。私が自分ひとりで解決しなくてすむようにするには、どうしたらよいか私に教えてください」と言ってきても、真の宗教は耳を傾けるべきではないでしょう。彼らがたとえまだ精神的に子供の状態にあるにせよ、子供っぽい行動様式から脱皮して成長するように、と促すべきです。宗教は、青少年期の若者が持つような、限界という壁に対する苛立ちからではなく、知識を持つ大人の良心に基づいて、自らの立場に批判的に挑むように勇気づけるべきです(「勇気づける」はいい言葉です。宗教は答えを与える立場に立つべきではありません。自分自身の道を見つけるように勇気を与えるべきです）。

信徒会衆が、私の言うことになんでも従うと期待できたなら、ラビとしての私の仕事はとても楽になるでしょう。学生が質問もせずに私の話をなんでも書きとめて暗記するなら、教師としての私の仕事はとても楽になるのと同じことです。しかし、どちらの場合も、啓発を求めて私に期待した人たちを不当に扱うことになります。人間は余った知恵で満たされる空の器ではなく、むしろ育てられる植物に似た存在です。子供たちに従順であるように求めることはできます。火事を起こしたり、祖先伝来の骨董品を壊す結果となりかねない危険には、説教よりも「それで遊んではだめ！」と言うほうがずっと適切です。しかし、宗教の名のもとに大人を依然として子供扱いするのは止めねばなりません。突き詰めると、道徳性には服従以上の意味がなければなりません。

「神を畏れることは知恵のはじまり」の意味

事実、神を畏れることは聖書が繰り返し述べるように知恵のはじまりであり、正しい生き方の基盤なのかもしれません。しかし、「神を畏れること(the fear of God)」とは「神を恐れること(being afraid of God)」を意味しません。それは今日、私たちが使う恐れという言葉ではなく、畏怖の念とか崇敬という意味です。恐れは負の感情です。締めつけることです。恐れるものが何であろうと、私たちはそれから逃げ出したいと思うか、それを打ち砕くことを望みます。自分たちを脅かす人や事態に腹を立て、憤慨し、さらに自らを傷つきやすくしている弱さにも腹立たしい思いになります。恐れから神に従うのは、不機嫌な思いで神に尽くすことであり、自分自身の一部分しか尽くしていないということです。

しかし、畏怖は違います。畏怖の感情は、ある点では恐れに似ています。自分よりもはるかに強力な人や重大なことに向き合って、打ちのめされる感覚です。しかし、畏怖は肯定的、発展的な感情です。恐れは私たちに逃げ出したいと思わせますが、畏怖は近づくのをためらわせつつも、もっと近くに引き寄せられたいとも感じさせます。自分自身の小ささや弱さに憤慨するのではなく、自分自身よりもはるかに大きなものを認識し、呆然として立ち尽くします。険しい崖淵に立ち、下界を眺めるのは恐れを体験することです。私たちは一刻も早く安全にそこから逃げだしたくなります。しかし、畏怖は山頂にしっかりと立ち周囲を見渡すという感じです。私たちは、そこにいつまでも長居できます。

宗教的な生き方を模索したあげくにコヘレトは神に向かってこう言ったかもしれま

せん。「あなたはこれ以上私に何をお望みでしょうか？　ひれ伏し、無条件に服従してきました。あなたが私に求めたどんなことも行いました。探し求めていた完全である感覚、永遠の存在となる保証をなぜお与えにならないのでしょうか？」。すると神はこのように答えられたかもしれません。「お前がひれ伏すことで、私がどのような楽しみを得ると思うのか？　私が自信がなく自分自身を偉大であると感じるために、お前を貶めることが必要であるとでも、本当に思っているのか？　私は人々が、人類の揺籃期に私が言ったことを持ち出すのを止め、今日私が告げようとしていることに耳を傾けることを願う。子供、時には霊的な子供からは服従を期待する。しかし、お前から「無条件の服従」を期待するのは、お前が大人のように行動できず自分の人生に責任のとれない者である、と言うに等しい。お前は完全であると感じたいのか？　いかに生きるかをついに学べたかのように感じたいのか？　それなら、「あなたが私に話されたことをひたすら行ってきました」と言うのを止めて、「あなたは好むかもしれないし、好まないかもしれませんが、私はじっくり考えてきました。これが私の正しいと感じることです」と言うようにしてみよ」。

真の宗教が人に求めるもの

真の宗教は「従え！　順応せよ！　過去を復元せよ！」とは、言わないはずです。真の宗教は、私たちに成長するよう要求し、失敗の間際で私たち自身の理性を働かせて私たちを連れ戻すようなことはせずに、時にはあえて間違った選択をさせ、間違いから学ばせます。信仰を持った責任ある成人にとって、神は何をすべきかを告げる権威ではありません。神は人々が成長し、手を伸ばし、敢然と立ち向かうように駆り立てる神聖な力です。神が人々に話しかけるとき、人が子供に向かって言うように、「何か悪いことをしないようお前を見張ろう」と言うことはありません。神はむしろ「これまで行ったことのない未知の世界に出かけ、自分の道を見つけられるように闘え。しかし、何が起ころうとも私はお前と共にいることを理解せよ」と言われます。神は分別豊かな存在なので、子供が完全に自分自身の力で成功を遂げたとき純粋に誇りに思う父親のように、私たちが神に依存することではなく、私たちが成長することに喜びを見いだします。

本当の宗教は従属的な人間を望みません。本物の人間、全人格的統合性《インテグリティ》を備えた人間を望みます。全人格的統合性とは何でしょうか？「統合《インテグラル》」という言葉は欠けていないこと、ばらばらではないこと、すべてが一つに統合されていることを意味します。統合性をもって生きるとはありのままの自分を見つけ、いつもそのような人間であり続けることを意味します。宗教は私たちに完全性を求めるものではありません。それは私たちには実行不可能であるからだけではなく、避け難い失敗に陥るためです。それは、ほとんど反宗教的な態度と言ってもよいでしょう。私たちが完全であるなら、決して学ぶことはできないはずであり(私たちには欠けている何かがある、ということは前にも示唆しました)、成長したり変わったりもできないはずです。完全な状態になったとすれば、私たちは宗教を必要としなくなるでしょうし、神と同じくらい偉大ということになるでしょう。しかし、完璧ではなく、志操堅固であるという別の意味で、宗教は私たちに全人的(whole)であることを期待できます。それに対応する若者の言葉があります。彼らは、自分がどんな人であるのか、どんな立場にいるかをわきまえている人という意味で、あの人は「筋が通っている」人だといいます。(以下は思いつきです。一つの神と言うとき、私たちは聖なる存在がいくつあるのか調査をする以上のことをしているのではないでしょうか？　私たちは神は「筋が通っている」、つまり、神は志操堅固で、変わらない統合性の象徴であると言おうとしているのではないでしょうか？　私たちが神と同じくらい聡明で力があり、善良であるはずはありませんが、私たちも神と同じように全人的な存在になろうと努力することはできます。）真の宗教の課題とは私たちが完全になることではなく、私たちが筋が通った人間になり、常に最良の自分であり続けることです。

不安定な青少年期に統合された人格の達成を目指すこと

ティーンエージャーの親として、ときに青少年期の若者の教師として、ティーンエージャーがどれほど早く両親、宗教指導者、さらに政治指導者の偽善を公然と非難するようになるのかを私は知っています。彼らが人に名付けうる最も軽蔑的な名のひとつが「ペテン師」ですが、それは意図してもいないことを言ったり、特定の事を信じると言いながら別の行動をとる人のことをいいます。偽善の肩を持つわけではありませんが、若者が他の深刻な問題(たとえば、弱者に対する冷酷さや、他人からものを盗むことなど)について憤慨する以上になぜそれほどこのような矛盾に憤慨するのか、私は不思議に思います。彼らにとって、偽善や全人格的統合性が、人間形成を図る時期の一大論点であるからではないかと思います。青少年期とはそうした移ろいやすい時期です。若者はある瞬間に慎重で礼儀正しいかと思うと、一時間後にはせっかちでがさつな態度を取ったりすることがあります。彼らはある午後にはひどく理想主義者で老人ホームを見舞ったり、世界の飢餓と闘う寄付金を集めたりしたかと思えば、数時間後のデートでは、すさまじいほど身勝手で自己中心的になったりもします。

そもそも青少年期の若者は自分が何者であるのかを見つけ出す過程を通過している最中であり、彼らにとっては、これほど自分が変化しやすいのはとても居心地の悪いことなのです。この時期を乗り切るために、数年もすればこれらの問題点を解決して揺るぎない自分を形成できると彼らが信じる必要があることは想像がつきます。十五歳の彼らは、「今は混乱し、一貫性に欠けているかもしれないけれど、二十歳までには日々ずっと変わらない自分になっていることだろう」と自らに言い聞かせます。だからこそ年上の人間が、とても尊敬されている人間ですら全人格的統合性を達成できていないことを発見すると、ひどく動揺します。ですから、十分自覚を持つ人であれば、この全人格的統合性についての感覚を発達させることを人生の目標の一つにすべきなのです。

好ましい人間像とは

宗教はガミガミと小言を言う親ではなく、達成したことや失敗したことを記録につけ、その結果を採点する通信簿でもありません。宗教は、自分自身が望む人間になることを歪め、弱め、危うくさせるあらゆるものを取り除き、本当の自分だけが残るまで手助けする精錬の火です。「あなたは生まれ故郷　父の家を離れて　わたしが示す地に行きなさい」という神のアブラハムへの最初の言葉は、「私についてきて、疑問を持たずに従え」ということを意味すると理解することもできます。しかし、この言葉は、「真のアブラハムが姿を現すことができるように、自分らしい自分になることを阻むすべての影響を置き去りにせよ」ということを意味するともいえます。

人格的に統合された人間とは、どのような人でしょうか？「メンシェ」というイディッシュ語は翻訳不能ですが、まさにこのような男女をあらわす言葉です。メンシエになるとは、神が人間を持続的に成長するように準備したとき思い描いた性質の人間になることです。それは正直で、信頼でき、聡明であり、世間知らずでも冷笑的でもない人間です。自分自身のためよりも、人のために助言する、信頼を寄せてよい人です。メンシエは、恐怖からでも人に好ましい印象を与えようとする願望からでもなく、ありのままの自分、そして自分が支持するものへの強い内なる信念から行動します。メンシエは聖人でも完全な人間でもありませんが、純粋な自分のみを残すように、すべての偽り、身勝手さ、復讐心をふるい落とした人です。全人的で、その人の神と共に歩む人です。

私は全人格的統合性を備えた人たちを知っていますが、その人たちから受けた印象は忘れられません。自分が何者であるか、どんな立場を支持するかを模索した末に出てくる静かな確信、落ち着きが見うけられました。ある掟を破ったり、神を怒らせたりしたかもしれないという恐怖にとらわれた不安気で信心深い人間とは違って、全人格的統合性を備えた男女は、神を怒らせるとか喜ばせるとかではなく、自分自身の高い規範に従って生きることを主な関心事とします。神は当然、こうした人間の存在を喜ばれるでしょう。

ロバート・F・ドリナン神父〔一九二〇―二〇〇七年〕は、数年間、私の選挙区の下院議員でした。彼は慈悲とリベラリズムを一身に体現したような人でした。ローマ・カトリック教会の司祭であり、下院議員に選出される以前には大学の法学部の学部長を務めていたので、道徳的・倫理的問題について述べるとき、彼の意見は傾聴されました。彼はアメリカの法律と生活の方向性を定めることに喜んで取り組んでいるように思えました。しかし、政治的な役職に就くことを司祭に禁じる教皇庁の指示が下され、ロバート・ドリナンは自らの任期満了を機に身を引き、再選を求めませんでした。

ある記者は、政界から手を引くようにという命令に盾突くことを考えたかどうかを彼に尋ねました。彼は「とんでもありません。そのようなことは考えたこともありません」と答えました。ひとたびローマの指示が出れば、自分自身の判断の余地はない、と彼が常日ごろ言っていたこと、つまり、上長に従うという自分が立てた誓願に従っただけだ、と思う人もいるでしょう。しかし、私には彼が言っていることが理解できました。自分が何者であるかがわかっている、と言ったのです。イエズス会の司祭であることは、彼の存在証明《アイデンティティ》の核心でした。それ以外のものはどれほど楽しく喜ばしいものであったにせよ、副次的なものであったのです。その核心を裏切ったり、それと対立したりするようなことは、決してできませんでした。彼があるときはイエズス会士であり、また別のときには下院議員であるという形を続けようとしたのなら、いつでも同じ人間であることに伴う全人格的統合性の感覚——それが彼の強さの秘密でもありましたが——を喪失してもおかしくなかったでしょう。ピンボケ写真のように二つのイメージがバラバラになり、もはや私たちは彼を鮮明に見られなくなっていたでしょう。

この考察によって、ようやく私たちはコヘレトの最後の問いから彼の最初の答えへと移っていくことができます。コヘレトは、自分が全人的人間になるように、永久に意味ある人生を送るように導いてくれるものとして、宗教に心を向けます。しかし、彼の時代の宗教は、真の宗教性を求めずに誠実さよりも服従を要求し、畏敬よりも恐怖を引き起こしたため、彼を全人的人間にすることはできませんでした。神に従順であるという意味では「よい」人間にすることはできました。しかし、それは彼が探し求めていたものではありませんでした。彼が神に求めたのはそれ以上のものでした。そして、その追求を断念しなかったために、彼はとうとうそれを見いだしたのです。

8章

喜んであなたのパンを食べるがよい

コヘレトの苦悩と真に伝えたかったこと

二章のハシィード派の物語を思い出してみましょう。森の中で道に迷った人が、同じように道を見失った人に出会い、その人は、こう言いました。「私も道に迷いました。しかし、私たちはこんな具合に互いに助け合うことができます。どの道を試してダメだったかを互いに話すことができます。そうした会話は、私たちが抜け出せる道を見つけることに役立つでしょう」。

それこそが私たちの出発点でした。私たちはコヘレトと共に、たくさんの人が通り行き止まりであったことが判明した五つの道を辿ってきました。すなわち、身勝手な利己心の道、肉欲の快楽を放棄する道、理知に準拠した道、苦痛を避けるためにあらゆる感情を避ける道、そして信心と宗教に身を委ねる道です。コヘレトの言葉を書いた聡明な長老は、自らの失望を語ることから始めました。財産や学識、信仰さえも自分の人生に意味があることを悟る喜びを与えることはできなかったのです――その生涯においても、また死後においても。しかし、彼は挫折感を私たちに語るためにこの書を書いたのではなく、まして、人生は無意味であることを私たちに納得させようとしてその書が聖書に加えられたのでもありません。ついにコヘレトは答えを得て、次の言葉によって私たちにそれを伝えます。

「さあ、喜んであなたのパンを食べ　気持よくあなたの酒を飲むがよい。あなたの業を神は受け入れていてくださる。どのようなときも純白の衣を着て　頭には香油を絶やすな。太陽の下、与えられた空しい人生の日々　愛する妻と共に楽しく生きるがよい。……何によらず手をつけたことは熱心にするがよい。いつかは行かなければならないあの陰府《よみ》には　仕事も企ても、知恵も知識も、もうないのだ」(コヘレトの言葉　九章七―一〇節)。

これは私たちが期待していなかった奇妙な答えです。彼はあきらめてしまったのでしょうか？「どれだけ生きられるか誰にもわからないのだから、食べ、飲み、楽しめ。永続するものなどないし、どのみち価値あるものなど何もないのだから、行って楽しむがよい」と矮小化して言っているのでしょうか？私は彼がそう言おうとしているのだとは思いません。「喜んであなたのパンを食べ　気持ちよくあなたの酒を飲むがよい」は、ただ「食べて飲み、楽しめ」と言っているようにも聞こえますが、コヘレトが言いたかったこととはかなり違うのではないか、と思います。

彼はこんなことを言ったのではないでしょうか。あらゆるものごとの形跡を調べたが持続可能なものは何一つなく、人生に違いをもたらすものは何もないという結論に至った。すべては空しく、人間は花や虫のように、生まれては死ぬだけである。つまり、死にすべては帰着する。調べた結果は人生に意味がないという結論に私を導く。しかし、自分のなかにその結論を受け容れることのできない何かがある。私の理性は、人生が無意味であるという主張には打ち勝ちがたい、と告げる。善人が恥と貧困のなかで死んでいく一方で、不正義や病、苦しみと突然の死、殺人をしても逃げおおせる犯罪者がまかり通っているではないか、と。また、私の理性は、意味あるものなど存在しないのだから、その探求をあきらめよ、とも告げる。すべての経験は同じ方向をさし示している。しかし、私の内面の奥底からふつふつと湧き出るものがあって、あらゆる不利な証拠が揃っているにもかかわらず、それを退け、私の理性を覆し、「人生にはなんらかの意味があるはずだ」と主張する。そして、この感情こそが、自分が動物ではなく人間である所以である、とコヘレトは言っているのだと思います。

かつて、ある友人が神は悪の存在を許しているという論点は、神でなく人間の立場から悪を定義しているために見当違いなものになっていると言って、私を説き伏せようとしました。彼は、「もしカエルが神学を書いたなら、全能かつ愛情あふれる神はなぜもっと多くの湿地と蚊を創造されなかったのか、と問うだろう」と言いました。私は答えました。「なるほど。しかし、あなたは本質的なことを見落としている。カエルは神学を書けないが、人間は書ける。カエルは生きる意味を問うことはないが、人間は問う。なぜなら、私たち一人ひとりには、神の似姿である聖なる要素のかけらが存在し、それが「なぜ自分たちは生きているのか？」と私たちに問うように促すからだ。それが、子供の死が悲劇であっても、オタマジャクシの死がなぜ悲劇ではないかということの理由だ」。

論理の上では、人生とは意味のない偶然の出来事であると言えるかもしれませんが、コヘレトは人生の旅路の終わりにこう言います。「人生をあきらめるな。論理をふりかざすことを断念せよ。まず第一に、この疑問を提起した自分の内なる声に耳を傾けよ。論理が、長い目で見れば、誰もが死んで消え去るのだから人生に違いをもたらすものなどないのだと告げるならば、長い目で見て人生を生きることをしなければよいのだ。永続するものは何もないという事実にくよくよと思い悩む代わりに、それを人生の真実の一つとして受け容れ、束の間の消え行く喜びのなかに意味と目的を見いだすようにせよ。それが長くは続かないわずかな瞬間であるとしても、味わい楽しむようにせよ。さらに言えば、長くは続かないわずかの間であるがゆえに、味わい楽しめ。人生の数々の瞬間は永遠に存在しなくても不滅たり得る。立ち止まり瞼を閉じ、ずっと昔に起きた大切なことを一瞬でも思い出すことができるだろうか？　それは目も覚めるような景色であったり、愛されたとか、高く評価された、と感じさせる会話であるかもしれない。ある意味で、長く続かなくとも、別の意味ではすべての年月に渡って途切れなく続き、いまも依然として続いているものだ。それは、この世が私たちに認める唯一の不滅のものだ。目を閉じ、いまはこの世にいないが、かつて自分にとって大いに意味のあった人の思い出を呼び起こすことができるだろうか？　心のなかでその人の声、その人の手触りを感じることができるだろうか？　生き方を学ぶことによって死をも欺き、死後も生き続けることができる証がそこにある」。

一つひとつの瞬間の連続こそ人生

人生に継続的な意味を与える偉大な答え、不滅の行為を追求するのをやめ、その代わりに、一日一日を満足できる瞬間で満たすことに集中すると、やがて「人生とはどのようなものであるのか？」という問いに、唯一可能な答えを見いだします。それは偉大な書を書くことでもなく、莫大な富を蓄積することでもなく、また強大な権力を獲得することでもありません。人を愛し、人から愛される生き方です。急いでランチをすませ、慌ててオフィスにひき返すよりも、食事や日向ぼっこを楽しむ生き方です。束の間の夕暮れ、季節によって色を変える木の葉、真の人間的な交わりといったような希有な瞬間を享受する生き方です。忙しくてそのような瞬間を摑みそこなうのではなく享受する生き方です。なぜなら、私たちが喜びを見いだす余裕ができるまでの間、それらの瞬間はじっと待っていてはくれないからです。

大きな問題への大きな答え、壮大な解決策を探して人生の大半を浪費したコヘレトの言葉の作者は、何年も費やした末にようやく、人生の問題について一つの大きな答えを見つけようとすることは、再び空腹になるのを心配しなくともすむようにたくさんの食事を一度にとろうとするようなものである、ということを学びました。一つの大きな答えはないのですが、いくつかの小さな答えはあります。私たちは人生という一大問題への壮大な解決策を探しては道に迷い、ともすれば、ささやかなこと、たとえば、愛や働く喜び、食べ物、真新しい服といった単純な喜びを蔑《ないがしろ》にしがちです。幸福についての寓話『青い鳥』のように、探すことを止めたときにはじめて、答えが現れます。わずかしか成し遂げることができなくとも、人生をいっそう楽しむことのできる段階に至ったとき、多くの間違った着手と挫折の末に、コヘレトがようやく見いだした叡智に到達できるでしょう。

グラフィック・アーティストに転身した元修道女コリータ・ケント〔一九一八―八六年〕は、自分の制作したあるポスターで、「人生は瞬間の連続であり、その一つひとつを精一杯生きることが成功するということなのだ」と言っています。財産、教育、自分にふさわしい夫や妻を手に入れることで人生の諸々の問題を一挙に解決することができると考えるなら、生きているということが本当は何を意味するかを誤解することになります。生きることの諸々の問題にいっぺんに決着をつけることなどできません。一日一日をその日ごとに意味あるもので満たそうと絶えず奮闘することができるだけです。つまるところ、これがコヘレトの洞察であり、私たちへの助言です。作者は人生の意味というカギをあてもなく探しました。そのカギを見つけようとしましたが、見つけることはできませんでした。しかし、繰り返し失敗したにもかかわらず、人生は無意味だと結論づける気にはなれませんでした。この世に存在するあまりにも多くの無益なもの、不正義を見たり感じたりしました。しかし、彼は人生にまごつき失望を抱きはしましたが、同時に、人生は、無意味であると言うにはあまりにも畏敬するに値し、あまりにも特別であり、あまりにも可能性に満ちている、と感じていました。たとえ人生の意味を見つけることができないとしても。彼はついに、数少ない偉大な行為にではなく、無数のささやかな行為のなかに人生の意味というカギを見いだしたのです。

スーパーボール〔アメリカン・フットボールの全米一を競う大会〕の前夜、取材を受けた花形フットボール選手が言った次の言葉を引用しましょう。「これが最後の極めつけの試合であるとするなら、どうして選手たちは来年もそのような極めつけの試合をしようとするだろうか?」。同じように、こう言えるはずです。もし人生の問題に対して恒久的で究極の答えを出すようなことを今日一日で行うことができるとすれば、なんのために私たちは明日という日を必要とするのか? 神はなぜ明日という日を作らねばならないのか? 人生は一度に解決できるような問題ではありません。一日一日を生きることは継続的な挑戦です。私たちの探求とは、答えを見つけることではなく、一日一日を人間らしい経験にする道を見いだすことです。

奇跡についての神の戦略変更

イスラエルの子らがエジプトの地を離れたとき、神はそれを体験した者すべてがその力や摂理について二度と疑いを抱かないように、息をのむような奇跡を彼らの心に焼き付けようとしました。紅海の海を真二つに分け、イスラエルの民を安全に通り抜けさせ、エジプト軍の追跡者には水を放ち溺れさせました。海を無事に渡りきった民は当然ながら感動し、神に不滅の忠誠を誓い、「主は世々限りなく王」と神を賛美する歌をうたいました。神の計画は四十八時間、功を奏しました。海を渡ってから三日目までに民は暑さにうだり、疲労、渇きに襲われました。食べ物と水が不足してその不平をモーセに訴え、そもそもなぜこの脱出に巻き込まれたのかをいぶかりはじめました。最高にすばらしい食事が長期間の空腹を解決しないことと同様に、どれほど感銘を与える奇跡も、一日か二日くらいしか信仰の問題を解決しないことを神は痛感されました。そこで、神は戦略を変えました。一世一代の目も覚めるような奇跡を起こす代わりに、毎日飲める水、食べるためのマナ〔荒野をさまようイスラエルの民が天から与えられた食物。「天からの穀物」、「マンナ」とも呼ばれた〕、休息できる日陰をイスラエルの民に与えました。人々は「喜んでパンを食べ」たとき、神の慈しみと、毎日の生活の満足、過酷な生活を我慢できるようにしてくれる平凡な奇跡を体験しました。毎日三十分の運動が月一度の六時間の激しい運動よりもずっと良好な体調を維持させるのと同じように、ささやかでも意味のある毎日の生活経験は、たった一つの圧倒的な宗教体験よりも、私たちの魂にとってより意味あるものをもたらしてくれるでしょう。

ささやかな瞬間の積み重ねこそ偉大な成果

かつて読んだケンタッキーの丘陵地帯に住む八十五歳の老婦人にインタビューした記事を私は思い出します。人生を振り返って何を学んだと考えるか、という質問に、「私がもう一度人生をやり直せるとしたら……」という、切ない調子の常套句で話を始めた彼女はこう答えたのです。「私がもう一度人生をやり直せるとしたら、次には恐れずにもっと多くの間違いを犯したいわ。気楽にね。もっとお馬鹿さんになるわ。いろいろなことをなるべく真面目に受け止めないようにしてね。……もっとアイスクリームを食べ、豆は少しにするわ。おそらく、現実にはたくさんの厄介事が生じるでしょう。でも、想像するような厄介事は、ほとんどないでしょう。知ってのとおり、私は一時間一時間、一日一日を生真面目に、分別を持って生きてきた人間よ。温度計も湯たんぽもレインコートもパラシュートも持たずには、どこにも出かけたことのないような人間だったわ。でも、もう一度人生を生きられるなら、もっと身軽に旅行したいわ」。

「喜んであなたのパンを食べるがよい」とコヘレトは言い、ケンタッキーの老婦人は「もっとアイスクリームを食べ、豆は少しにするわ」と言いました。コヘレトの言葉の作者に比べ、財産も学識もないこのケンタッキーの老婦人は、コヘレトと同様に、間違った助言に従いすぎて人生の大半を浪費したので、同じ間違いを私たちにおかさせたくないと感じています。彼女は、明日起きるかもしれないことを心配することによって今日の人生の喜びがいともたやすく損なわれることを理解するに到りました。彼女はいかに恐れが喜びを追い出し、心細い不安が私たちを緊張させるか、またいかに笑いが恐れを追い出し、私たちを自由な気持ちにさせるかを学びました。そして学んだことを私たちに伝えたかったのです。

「喜んであなたのパンを食べ、気持ちよくあなたの酒を飲むがよい。あなたの業を神は受け容れてくださる」。誰もが偉大な行為をするというわけではなく、また偉大な成功を収めるというわけでもないこの世において、神は毎日の生活の中に偉大さを見いだす力を私たちに与えてくださいました。昼食は、オートレースの給油のための一時停止のような、単なる栄養補給の機会ともなりえますが、土、雨、種子と人間の想像力が舌の感覚に働きかける奇跡を味わう機会ともなりえます。私たちは、奇跡を認識する方法を知ることができるように、また「大切なこと」を探し求めて、大急ぎで日常の奇跡を通り過ぎてしまわないように聡明でなければなりません。私たちは、思春期の女の子が新しいボーイフレンドに夢中になっている姿に微笑むことがありま す。彼女は人類史上最もすばらしい出来事が自分に起きたと思うかもしれません。私たちには、これは予定通り一連のホルモンの分泌が活発になる思春期になったからであること、そして半年もすれば、彼女はこれまで彼に見たものは何だったのかと不思議に思うであろうことがわかっています。それでも手紙、電話や微笑みによって幸せな思いができることには感動的なものがあります。そこには、私たちが羨ましく思うような、平凡な出来事に喜びを見いだす力があります。よい人生、真に人間らしい生き方とは、わずかの偉大な瞬間にではなく、多くのささやかな日常の瞬間に根ざしています。時間をかけて自分の人生を探求し、一瞬一瞬を集めて積み重ね、人生を意味あるものにすることが私たちに求められています。

多忙のなかで見失うもの

あるラビがかつて彼の信徒会衆である一人の有力者に尋ねました。「私があなたをお見かけするときは決まって、お急ぎの様子です。いつもどこに行こうとされているのですか？」。尋ねられた人は「成功を追いかけています。大望を実現させようとしています。激務であってもその見返りを追求しています」と答えました。するとラビはこう応じました。「すべての幸運があなたの前にあって、あなたの追求をかわしているのであれば、十分に早く走れば追いつけるだろうというのも、もっともです。しかし、幸運があなたの後ろにあるとすれば、あなたが幸運を求めて走れば走るほど、それを見つけることがますます難しくなるのではありませんか?」。おいしい食物、美しい夕陽、春に芽吹く花、秋に色づく紅葉、そして大切な人と分かち合う静かなひととき、といったすばらしい贈り物を神は私たちのために持っておられるかもしれません。でも、幸せ探しで私たちがいつもあちこち動き回っていれば、それらの贈り物を届けに神が家まで来られても私たちを見つけられないのではないでしょうか?

自己実現が可能になる仕事に全力を尽くすこと

一つの大きな答えよりも多くのささやかな答えを求めよというコヘレトの助言は、人生の半ばにさしかかった私たちに、潜在的な自己実現のもう一つの源泉、私たちの仕事に注目させるように導きます。「何によらず手をつけたことは熱心にするがよい」と彼は言います。一生懸命に働きなさい。それは単に報酬や昇進をもたらすだけではなく、有能な人間であるという意識をあなた自身に与えるからです。どのような仕事であれ、仕事の質を気にしない人の魂には腐食が起き、その腐食はその人に作用しはじめます。それが不十分にやっても差しつかえなく誰にも害にならない仕事であっても、ずさんにすることで、自分の内なる精神をおとしめるという代償を払うことになります。それは自分と自分の技量への侮辱を自らに植え付けます。

一瞬一瞬のうちに楽しみを見つけることに新たに見いだした情熱を注ぎ、さらに余暇時間や休暇のみならず仕事にも同じようにそれを応用するとき、私たちは、充実して意味ある時間の過ごし方ができるもうひとつの重要な領域を発見します。ウォーレス・ステグナー〔一九〇九―九三年。アメリカの小説家、歴史家〕は、アダムとエバが彼らの不従順ゆえにきつい労働によって罰を受け、額に汗してパンを得る運命となったエデンの園の話から、アウシュビッツ強制収容所の門に銘打たれた「アルバイト・マハト・フライ(働けば自由になる)」の言葉に至るまで、労働は悪い圧迫と見なされてきたと書いています。しかし、彼はこう続けます。「おそらく想像以上に多くの人々は、労働に自分の人生を支える足場を見いだしていることを認めている」。フロイトは、愛と労働は、成熟した人間ならうまくやりこなさねばならない二つの目標だとしました。私たちはお金を必要とするから働くのですが、その他の理由のためにも働きます。宝くじに当選してにわかに金持ちになっても、朝六時に起きて仕事をし続ける郵便配達夫、トラック運転手、あるいは秘書たちがいるという記事を私たちは頻繁に目にします。なぜなら仕事は、自分には何ができるか、自分が何者であるかを認識させるものだからです。私たちは、「あなたは何をなさっているのですか?」と尋ねられたら、趣味とか組織団体における地位ではなく、必ず自分がしている仕事を答えるものです。

人は何のために働くのか?

私が働くのは家族を養い、払わねばならない請求があるからですが、働くことが私を人と関わらせ、自分のことを有能であり、かつ社会に貢献できる人間であると認識することに役立つからでもあります。たとえば、私は聖職者としての生活において、日曜日の午後に高齢市民の集会の開会式でお祈りを捧げ、その日の夜、結婚式を執り行い、翌朝にスタッフとの打ち合わせを行うか、専門家の会議に出席し、昼には癌でなくなった若い妻で母親であった人の葬儀の司式をし、その日の午後の大半をその遺族たちと過ごすといったことがよくあります。そうしたあらゆる活動の中で、葬儀は間違いなく楽しくないもので、自分はこの務めを果たすうえで最も適性を欠く人間である気がします。にもかかわらず奇妙なことに、葬儀の司式をするときには悪い気はしません。何十年もの間、私はその感情を理解できませんでした。自分にそのような瞬間を楽しむつむじ曲りの性向があるのかもしれない、と思っていました。しかし、今ではそれを理解できます。そうした時、私は自分が生きており、意義のある関係を築いていることを感じます。その場にただ出席しているのではなく、関与する人に影響を及ぼしていることがわかっています。若い人の葬儀の司式は好きではありませんし、こうした葬儀の司式がたびたびあっては困ります。しかし、難しいことをやるよう求められ、それをなしとげることには満足できるものがあります。コヘレトが私たちに語りかけたときに胸中にあったことは、実際には、こういうことだったに違いありません。「たとえノーベル賞を勝ち取ることがなくても、金持ちや有名になれなくても、自分の仕事を真面目に受けとめて全力をあげてそれに取り組むなら、やはり仕事は人生に意味を与えることができるだろう」。

運がよければ、私たちは仕事という場で喜びを見いだします。人生の早い段階で、何にエネルギーを費やしたいかというヴィジョンを持ち、それを実現する人もいるでしょう。医師、弁護士、教師になるのは、そうなることを夢見ていた人なら、喜ばしいことでしょう。運がよければ熟年になって新たなキャリアを踏み出し、一口には表現しにくい喜びの感情を得る人もいるでしょう。学卒の女性で子供が大きくなったので外で働けるようになり、自分が得意だといつも考えていたことを実行する人もいるでしょう。金持ちで権力を持つ人間になる夢を捨て、自社株購入権《ストック・オプション》を換金し、長年にわたり趣味であった園芸技術を用いて生計を立てる元中間管理職、レストランを開いて支配人として夜明け前に起床しているが、朝の九時にオフィスへ出向いて報告をしていたときより幸せであると感じている元会計士、といった人たちもいます。そして、私たちの多くは一日一日、一年一年、同じ勤務地の仕事に出勤し続けます。いずれにせよ、幸せへのカギ、仕事に喜びを見いだすことができるためのカギは、自分たちが能力を浪費しているのでなく活用しているという感覚、さらにそのことで自分たちの真価が人に認められているという感覚です。「何によらず手をつけたことは熱心にするがよい」ということです。

自分にはやれることがあるのにそれを行うよう求められなかったとか、自分はやれるという自信があるのにまったくその機会を見つけられなかったとなれば、ひどい挫折感を感じます。陸上の花形選手がオリンピックのトレーニングのために二年間仕事から離れるのは、経済的な意識からではなく、世界最高水準の競技において自分がどれだけできるかを見いださねばならないからです。デスクワークに昇進した元工場労働者が、上着を脱いで故障した機械を修理するのは、自分が修理できるという事実を誇りに思い、技量の劣る人の一時しのぎの修理を見かねるからです。好条件で契約をしているのにベンチを温めている出番のないプロ運動選手の欲求不満は、仕事がないのに給料が支払われる過剰人員のそれと同様、私たちがお金のためだけでなく、それと同じくらい働く意味を求めているという証です。自分たちの日々が意味のない空しいものにならないために、私たちは働きます。

「何によらず手をつけたことは熱心にするがよい」というのは、報酬が得られるものだけについて言及しているのではないことを指摘しなければなりません。私たちがボランティアの形で多くのことを行うのは、自分の技量を活用したり、影響を与えたり、感謝されたりといった、朝の九時から夕方の五時までの仕事では得られない感情が欲しいからです。だから工場の組立工がリトルリーグのチームのコーチをして、教えること、助言すること、また意思決定を下すことに満足感を感じます。秘書が教会の聖歌隊で歌ったり、「いのちの電話」の直通電話の職員を務めることで、頼りにされたり、人々に尊敬されたりする感覚を手に入れます。私のシナゴーグも、全国の教会やシナゴーグ、団体支部、市民団体と同様、ボランティアの人々に計画立案や委員会の議長役、資金集めのイベントの展開、人前でスピーチを行うことなどの機会を提供しています。そして、彼らに自らの隠れた才能を生かしているという感情を与えつつ、同時に彼らが大事にしている組織の資産を充実させています。

より大きくなるために、より小さくなること

人生において、ときには、本来の自分をもっと大きくするために、より小さくなら

なければならないことがあります。私たちは積み重ねたものすべてを土台にするのではなく、本当の自分ではないもの、まやかしや本物ではないすべてのものを取り除くことによって全人的人間になります。全人的人間になるために、これまでに抱いてきた人生の夢を捨てねばならないこともあります。

若かった頃に抱いたその夢とは——おそらく両親や教師に植え付けられたり、自分自身の想像の中で開花したりしたものでしょうが——真に特別な人間になる、というものだったことでしょう。私たちは有名になり、仕事が認められ、申し分のない結婚をし、模範生の子供を持つことを夢見ました。事態がそのように運ばないことがわかったとき、私たちは出来損ないのように感じます。その夢と、現実の人生で達成したこととの比較を止めるまでは、私たちは決して幸せにはなれないでしょう。あるがままの自分でいることが十分に特別であるということを認識できるまで、自分に満足することは決してないでしょう。喜んで自分のパンを食べ、愛する人と共に人生を楽しみ、本物の人間になることができたなら、その暁には金持ちや有名人になる必要もなくなります。真に人間的な人間になることこそ、最高に見事な人生の成果です。『人生の四季』(*Seasons of Man's life*, Knopf, 1978)という本のなかでダニエル・レビンソン博士〔一九二〇—九四年〕は、熟年期を、「夢という暴君」と縁を切り、より現実的な条件で成功するための好機であると見ています。「人は、注目を集める人間にならねばならないと感じなくなったとき、いっそう自由に自分らしくなり、自分自身の望みと才能に従って働けるようになる」と彼は書いています。

人間らしく生きること、それ自身が見返り

タルムードの賢者たちは、注目すべきことを言っています。「この世の一時間は来るべき世の時間すべてに優る」と。この言葉は何を意味しているのでしょうか？　私には、次のような意味にとれます。真に生きる方法を学んだとき、私たちは他の生き方という見返りを期待する必要はないだろう、と。私たちは公正に生きるということの真意が何であるかと問わないでしょう。人間らしく生きること、それ自体が見返りです。真に人間らしく生きることの喜びを見つけた人、友情や人を気遣うことにおいて豊かな人、おいしい食べ物や日の光がさんさんと降り注ぐ喜びを日々楽しめる人は、他の種類の成功を追い求めて自分自身をすり減らす必要はないでしょう。見知らぬ人からの褒め言葉も、昇進も、派手な車やもったいぶった肩書きも、すでに自分の知っている幸せには匹敵しません。

従業員の窃盗問題が起きた工場についての小話があります。そこでは大切な備品が

毎日盗まれていました。そこで工場経営者は、従業員が業務を終えて工場を出るとき全員を調べるために、警備会社と契約しました。従業員の大半は進んでポケットを空にし、持参したランチボックスを点検させることに協力しました。しかし、一人の男が終業時にゴミをいっぱい載せた手押し車を引いて、工場の出入り口を毎日通り抜けていたのです。警備員は業を煮やして、他の者全員がすでに帰途についていたとき、貴重品をこっそり持ち出していないかどうか調べるために、食品包装紙、タバコの吸い殻、使い捨ての発泡スチロールのコップなどを三十分もかけて混ぜっ返さなければなりませんでした。警備員はなにも発見できませんでした。とうとうある日、警備員は我慢できなくなり、手押し車の男にこう言いました。「おい、お前が何かをたくらんでいるのはわかっているぞ。なのに、毎日手押し車のゴミ屑の最後の一点まで点検しても盗品らしきものは見つからない。俺は気が狂いそうだ。お前のことは報告しないと約束するから、何をたくらんでいるのか教えてくれ」。男は肩をすくめてこう言いました。「簡単なことさ。手押し車を盗んでいたんだ」。

人生を、見返りや喜びを探し求めるための時間であると考えていると、生きていることが何を意味するのかを完全に誤解してしまいます。躍起になって欲求不満をつのらせながら、人生を価値あるものにするであろう成功や見返りを日々、年々くまなく探し求めることは、この警備員が大切なものを探すために手押し車のゴミを覗き込み、その間、明らかな答えをずっと見逃していたようなものです。

自分がいかに生きるべきかを学ぶことができれば、人生そのものが見返りとなるのです。

9章

私が死を恐れない理由

人が恐れる死とは?

尊敬する友人の聖職者の一人が、かつてある問題について相談を求めてきました。彼のシナゴーグの信徒で四十二歳の医師が手術不能の脳腫瘍で入院したのですが、友人は私にこう言いました。「私は、なぜかどうしても彼の見舞いに行く気になれないのです。彼に好意を持っているし、具合が気になるし、見舞いに行くことがどれほど彼にとって意味があるのかもわかっています。けれども、見舞いに行かない理由を探し続け、それで頭が痛いのです」と。私はこう言いました。「なぜなのかわかる気がします。あなたは、その人の中に自分自身を見すぎているのではないでしょうか。病気で死にそうな彼を見ていると、自分も今から一年くらいすればそうなるのかもしれないと思え、その気持ちを自分でもどう扱っていいかわからないからではありませんか。察するに、あなたは死を恐れています。そう思っても恥ずかしいことではありません。多くの人が同じ思いを持っています。自分と同じような年頃の人の死を見るのが、辛すぎてどうしてよいかわからなくなるのです」と。

「死に対する恐れをあなたはどのように克服しているのですか?」と彼は尋ねまし

た。私は「まだ死ぬ準備ができていないし、もっと長く生きたいと思っていますが、私が死を恐れないのは、人生を私なりに生きてきたことに満足しているからです。人生を浪費せずに全人的統合感を持って生きてきたこと、最善を尽くしてきたこと、私より長く生き続ける人たちに影響を与えたという意識を持てたからです」と話しました。そして私は彼に、もちろん彼も自分自身や人生、仕事について同様のことが言えるはずであり、人間らしく生きてきたという水準にすでに達している、と言いました。死ぬことをもはや恐れなくなったときにはじめて、真に活き活きと生きていると言うことができます。

人が恐れているのは死ぬことではない、と私は信じています。死ぬこととは別の、もっと人を動揺させるような、もっと悲劇的な何かが人を恐れさせます。私たちは、精一杯生きてこなかったことを恐れているのです。真に活き活きと生きてこなかった、何のための人生であったのかまったく理解できなかった、といった意識のままで人生の終焉に向かうことを恐れているのです。

幼いときの暗闇への恐れから、蛇や高所への恐れに至るまで、私たちにつきまとうあらゆる恐れのうちで、人に示せるものを何も持てずに人生を浪費してきたのではないか、という恐れに匹敵するものはありません。私は多くの人々のこの世の旅路の最後の場面に付き添ってきました。多くの人は、できることならもっと長く生きることを望み、愛する人と別れたくありませんでした。しかし、彼らが死を恐れなかったのは、自分たちが充実して生きる時間を持てたこと、その時間を有効に使ってきたことを知っていたからです。実際、私の知るなかで死を恐れていた人たちとは、人生を浪費してきたと思っていた人たちだけでした。そうした人たちは、神が自分たちにあと数年生きる時間を与えてくださるならば、そのときまでに使い切ったすべての歳月よりも、はるかに賢明に時間を使います、と祈ったものです。浪費した人生を送ったという以上の恐ろしい罰は考えられませんし、また充実した人生を送ったことへの見返りとして、人間らしい人間になるように挑戦し、それを達成したという自覚を持つことより喜ばしいものは考えることができません。

「主の聖所」に立つ人とは?

利己的、不道徳な暮らしに明け暮れた末に死んだ男の小話があります。男は死後間もなく、まばゆい日の光が射し、心地よい音楽が聞こえ、人々がみな純白の衣装をまとっている世界に自分がいることに気づきました。「おやおや。こんな所にくるとは考えもつかなかったぞ」とつぶやきました。「神は御心ひそかに俺のような小賢しいろくでなしにも優しいと見える」。男は純白の衣装を身にまとった人物に向かって、「おい、祝杯をあげないか。一杯おごらせてくれ」と言いました。その人物は、「お酒のことを言っているのでしたら、そのようなものはここにはありません」と答えました。「なんだって、酒はなしかい？　それじゃトランプはどうかね？　ピノクル〔トランプのポイント・トリックゲーム〕はどうだい？　ポーカーもいいな！　なんでもいいぜ」。「残念ですが、私たちはここでは賭け事もいたしません」。「それじゃ、あんたらは一日なにをしているのかね？」と男は尋ねました。「詩編をたっぷり読みます。毎朝、聖書講座があります。午後には祈禱サークルも」。「詩編だって！　一日中、聖書のお勉強かい！　おい、言っておきたいのだが、天国っていう所は評判とはかけ離れた所だぜ」。そのとき純白の礼服に身を包んだ人物は微笑んで言いました。「なるほど、あなたはおわかりになっていないようですね。私たちは天国にいますが、あなたは地獄にいるのですよ」。

この小話は、天国とは、私たちを人間らしくし、人間だけがやれることをして楽しめるようになることであると示唆しています。対照的に、私の想像する最悪の地獄とは、火と硫黄が燃えさかり〔終わりの日に悪が火と硫黄で燃やされることを象徴する表現〕、三つ又熊手を手にした赤い小悪魔たちがいるところではありません。最悪の地獄とは、本当の人間、善良な人間(メンシェ)になれたはずなのに、今ではもう手遅れであると実感することです。他人を気遣い、寛大で正直で誠実であり、知性と心を育み、本能の言いなりにならずにそれを統御する、といったことによる満足感を味わえたはずであったのに、まったくそうしなかったという後悔の念です。

詩編はこう告げます。「どのような人が、主の山に上り　聖所に立つことができるのか。それは、潔白な手と清い心をもつ人」(詩編　二四篇三―四節)。「主の山に上」るとは、死後、天国に行くことを必ずしも意味するのではなく、教会やシナゴーグに行くことであると見なす必要もありません(おそらく詩編原典にはエルサレム神殿に詣《もう》でる意味があったにせよ)。人間らしい人間として成長することを意味するもので、人生の年月を正しく用い、「潔白な手と清い心」で生きるならば、あなたが存命中であっても「聖所に立つ」という感情を持つことはできるでしょう。そして、それを成し遂げたときには、いつか死がやって来るということさえ恐怖ではなくなるでしょう。

私は、ずっと以前にテレビで見たドラマの一場面を忘れることができません。若い男女が遠洋航海の客船の手すりに立っています。二人は新婚間もない夫婦で、この航海が彼らのハネムーンでした。二人は自分たちにとって愛と結婚がいかに充実し、期待を超えるものであったかを語り合っています。若い男性は、「明日、死ななければならなくなったとしても、自分の人生は充実していたと感じるだろう。なぜなら、あなたの愛を知ったのだから」と言い、花嫁は、「ええ、私もそう感じているの」と返します。二人はキスをし、手すりから離れます。次の場面で視聴者が目にするのは救命具に書かれた船名「タイタニック」です。

人生はインスタントコーヒーのようなもの

聖書時代の人が現代の私たちと同じくらいのペースで年をとるならば(そう信じる根拠があります。詩編九〇篇には、平均的な人の寿命は「七十年程のもの」であり、例外的に八十歳まで生きると書いてあるからです)、コヘレトは四十代の半ばから後半、おそらく五十歳に近い人物として思い描くことができます。彼は、人生において私とほぼ同じ地点に立っています。そして彼は人生の時間を使い果たしつつある、と恐れはじめています。自分に残されている未来の歳月は過ぎ去った歳月よりも確実に少なくなっているのに、彼は依然として人生に意味あることを成し遂げたのかどうか確信を持てずにいます。いたずらに費やした時間と機会とを悔やみながら、過去を振り返っているのかもしれません。

ときにこれを私は人生の「インスタントコーヒー」論として考えます。インスタントコーヒーの瓶を開封したばかりの時は、コーヒーの粉が瓶に満タンに入っていて、一度に少ししか使わないのがわかっているので、惜しげなく山盛り一杯カップに入れます。スプーンを入れると瓶底近くになったとき、残量が少なくなっていることに気づいて、一杯分の分量はより注意深く量られるようになり、瓶底の隅の一粒まで粉をすくいます。私たちは時間を、得てしてそのような具合に扱いがちです。若い人は永遠に生きられるかのように考えています。彼らは時間はいつまでもあるものと想定しています。彼らは、将来配当金を生まないような諸活動に自分の時間を「投資」する余裕があります。実社会への足がかりとして新人レベルの仕事や低賃金の見習いを引き受けます。結婚するつもりのないことがわかっている人とデートするのは、他人と関わる腕を磨けるからです。

コーヒーの残量が半分になるように、私たちが年を重ねて人生の半ばを過ぎると、人生の持ち時間に無頓着でいられないことを学習します。持てる時間がいつまでも続くことはないと理解するからです。若者のように「どこまで昇進できるだろうか？」「どこまで手に入れられるだろうか？」と成功と競争の観点から問うのを止め、コヘレトの言葉の著者につきまとった「私は何をやり遂げられるのだろうか？」「自分にしかできない何を成し遂げられるであろうか？」「死んだとき、何を自分は残せるだろうか？」という疑問を抱きはじめます。それらの問いは、他の人々にも共有される事態に基づいて答えられます。「人生は私に何を用意してくれるのか？」と問うのを止めて、「私は人生で何をするのか？」と問いはじめるとき、それが成熟の兆しであると言えます。

熟年を迎えて見つめ直すこと

このようなプロセスが働く事例を紹介しましょう。

私が四十五歳になったとき、説教や聖書の授業をする時間を減らし、本を執筆しはじめました。物理的に一緒に居られない人々にも、私の考えを伝えるためです。それまでは自分の考えを話し言葉で伝えてきました。しかし、言葉は発した途端に消えてしまいます。気づかないうちに、私はより恒久的な伝達手段によって自分自身を表現する必要性を感じはじめていました。

ガソリンスタンドを所有する友人の一人が四十代に入ったばかりのとき、スタンド名を「メープル・ストリート・ガレージ」から「アル・ジョーンズ・ガレージ」に変更しました。私と同様に、彼も熟年を迎えて話し言葉のなかだけでなく恒久的な文字になった自分の名前を見たくなったのです。

一九八四年一月、私の地元マサチューセッツ州の上院議員であるポール・ソンガス〔一九四一—九七年〕は引退し、その年の選挙に再出馬しないと公表しました。ソンガスは人気上昇中の花形政治家であり、副大統領、はては大統領候補によく取りざたされ、再選確実の圧倒的な本命候補でした。公表の数週間前、リンパ腺癌が見つかり、完治はしないが治療すれば身体能力や寿命に影響を及ぼすことは当面ないであろうことを知らされていました。病気は、上院議員を辞することを余儀なくするものではありませんでしたが、彼は永久に生きることはできないという事実に向き合いました。自分が望むすべてを行うことはできない。だとすれば、自分の持てる限られた時間のなかで何を最もやりたいのか。私たちの多くは、その問いをなんとかして避けようとしますが、主治医の言葉を待ちつつ、彼は、その問いに敢然と立ち向かわねばなりませんでした。そして、人生で自分が最も望んだことをしよう、望んだすべてを行うことができなくなってもあきらめられないことをしよう、と決心しました。それは、家族と共に過ごし、子供たちの成長を見守ることでした。彼は国の法律を形作ったり歴史に名を残したりするよりも、そうしたかったのです。死後にも朽ち果てないもの、生き続けるものを持つとすれば、それは立法上の業績ではなく、家族に根ざしたものであることを彼は理解していました。

その決心を公表すると、ある友人は彼が優先順位をはっきりさせたことを褒め、「臨終の床にある人が「もっと仕事に時間を使いたかったのに」とこれまでに言ったためしはない」と言い添えました。言うまでもなく、すべてを行うには時間が足りないという同様の恐れにつきまとわれたコヘレトは、まずこう言いました。「さあ、喜んであなたのパンを食べ　気持ちよくあなたの酒を飲むがよい。……太陽の下、与えられた空しい人生の日々　愛する妻と共に楽しく生きるがよい」。ポール・ソンガスがこの決心をしたのは四十三歳の時でした。

自分の人生が平均寿命の三分の二を優に超えたことを実感し、多くの人が自分くらいの年齢で思いがけなく死ぬのを見て死を恐れるなら、残された歳月を恐れと不安のなかで生きねばならなくなるでしょう。遠い昔に、詩編二三篇の作者は、神が私たちを死から救い出せないことを理解していました。いつか私たちの誰もが死を迎えます。しかし神は、死の陰から私たちを救い出し、死への恐れによって私たちが身動きがとれない状態になることから救い出されます。神は生きねばならない歳月に陰を落とす死に私たちが翻弄されないよう、手助けしてくださいます。

哲学者ホーレス・カレン〔一八八二―一九七四年〕は、七十三歳の誕生日にこう記しました。「死への恐れによって人生を形成する人もいれば、生の喜びと満足によって人生を形成する人もいる。前者は生きているときも抜け殻同然である。後者は土に帰るまで全力で生きる。運命が明日私を死なせるかもしれないことを承知しているが、死はよくある偶発事である。死がいつやってこようとも、私は命の炎が燃え尽きるまで生きるつもりである」。

人生に不可欠なものとは?

私は充実して生きてきたと感じているので、死を恐れません。私は愛し、愛されてきました。私生活でも職業生活でも試練がありましたが、満点ではないにせよ、少なくとも及第点か、おそらく、それよりは幾らかましな成績でなんとかやってきました。自分の足跡を人々に残すことができ、もはやそうする必要のない人生の地点に行き着きました。私が何者であり、どのように人生に対応するかについて、ついに答えられる知識を持つようになったため、人生の最後の一幕を、それが長かろうと短かろうと心待ちにできます。神が私と共にいてくださるだけでなく、神がこの境地に私を導いてくださったので、死の陰の谷を恐れずに歩き抜くことができます。死を防ぐ手だてはありません。しかし、死への恐れに対する解決策は、これまで充実して生きてきたことを確認することです。

前章で、コヘレトが辿りついた結論は、ソンガス上院議員が下した決断と同じであるということを見てきました。意味ある人生とは、数少ない偉大な不滅の行為によってではなく、多くのささやかな行為によって成し遂げられます。その挑戦とは、ある超人的な努力によって日常生活のレベルを超越することではありません。毎日、日常生活を過ごす上で真に人間的な何かを見いだすことこそが挑戦です。すべてに割く時間はないことを悟ったとき、また、一日二十四時間になにもかも目一杯詰め込もうとして自分をくたくたにさせ、行っていることが不完全で生半可なものになってしまっていることに気づいたとき、また、人生を分かち合う人たちがあなたのことをよく知る十分な時間をとれないほど、あなたがひたすら取り組んでいることに邁進しているという感情を彼らに持たせていることに気づいたとき、それでもどうしても譲ることのできない人生の大事な要素とは何でしょうか？　人生を充実して生きてきた、無駄にはしなかったと感じられるために、絶対的に持たねばならない、行わねばならないこととは何でしょうか？　コヘレトや私たち自身の生き方を探求するうちに、私たちは三つの指針を見つけました。

人々の一員となる

痛みを人生の一部として受け容れる
自分が違いを作りだしてきたことを知る

親密かつ持続的な関係の必要性

私たちは、数は少なくとも親密な人々の一員となる必要があります。彼らは、私たちの人生の永続的要素となります。スポーツやレシピについてざっくばらんに話し合える知人がいかに多くても、少数の親密な人々の代わりにはなりません。「一匹のチンパンジーは、チンパンジーとはいえない」ように、一人の人間は少数の人々と持続的な関係を持たなければ、完全に、また真の意味で人間になることはできません。そして、そういう人々とは、自分自身のある側面やある時間だけに留めるという関係ではなく、全人生を分かち合える関係にならねばなりません。

それが、女性の方が男性よりも離婚や配偶者を失った一人暮らしの精神的苦痛によく耐え抜く傾向がある、と私が思う所以です。女性は自分を丸ごと分かち合う親しい友人をよく持っています。男性は知人や仕事仲間、ボウリング仲間、交代で車を相乗りする運転仲間など、自分の全体ではなく一部のみを分かち合うことにとどめる仲間を持ちがちです。

私の前作がベストセラーになったとき、ラビ職を返上して専従の文筆家、講演者になることもできました。より精神的負担の少ない仕事で、名声、講演旅行、多額の報酬が提示されました。しかし、私は自分の信徒会衆のなかにとどまることを選びました。一つには私はラビであるのが本来の自分の務めであるからですが、より大きな理由としては、私の人生において継続的土台の上に、同じ人々に関わる必要があることを直感的に認識したからです。私は講演者として、一回きりしか顔を合わせないであろう多くの人たちに紹介されます。話をし、拍手をもらい、講演先の町を離れます。もし私が雄弁家ならば、聴衆に何かを残し、また何年にもわたって彼らのためになったと感じる話をすることもできるでしょう。しかし、彼らのいずれとも親密かつ持続的な関係は持てないでしょう。信徒会衆のラビとして私は、生まれてからずっとその成長を見守ってきた、若い女性たちの結婚式の司式を行います。また、幸せな瞬間も悲しい瞬間も数え切れないほど共に分かち合ってきた旧知の家族に助言します。ちょうど私たちの体が空気や食べ物を必要とするように、魂は見知らぬ人にいつも囲まれるのではなく、知己である他の人々に結びついている必要があります。私の師の一人が、よくこう言っておられました。「私たちは受け取るものに感謝するのではない。分かち合えるものに感謝するのだ」と。

「空の巣症候群」

最近の社会学での注目すべき論考の一つに、ポーリン・バート〔社会学者。一九二五—二〇〇八年〕の「ポートノイ母さんの不満」が挙げられます。若いソーシャルワーカーが、重い鬱病に苦しみ入院した五十歳の女性と面談したときのことについて描いていますが、この女性には「空の巣症候群」のひどい症状が現れていました。子供たちが大人になり家を出て行くと、彼女はこれまでの人生に意味を与えてきた、たった一つの役割を奪われてしまったと感じました。彼女は、ひどくふさぎ込むようになり、入院しました。ところがこの面談で興味深いのは、「ポートノイ夫人」(溺愛した子供たちに拒絶された母親)は、ソーシャルワーカーに質問されるのを心地よく思っていなかったことです。彼女は子供たちがどれほど恩知らずで、思いやりがないかという身の上話をしたくなかっただけではありません。彼女は若い女性のソーシャルワーカーに次のような質問を執拗に浴びせかけます。「結婚しているの?」「どうしてそんなに痩せているの?」「一人で暮らしているの?」「自分でお料理するの?」「本当にもっと自分のことに気をつけなきゃダメよ。たくさん果物を食べて、外に出て新鮮な空気を吸わなきゃね。ねえ、チョコレートでもどう?」

自分自身の生活について話すように求められると、「ポートノイ夫人」は質問に無関心で落ち込んだ印象を与えました。ため息を吐き、肩をすぼめ、声に張りが感じられませんでした。しかし、立場が逆転し、ソーシャルワーカーに質問をするときには、活き活きとした表情に変わります。子供たちが病院に彼女を見舞ったり週末の自宅への外泊許可を得られたりする見込みについては、わくわくする気分になれません。しかし、ソーシャルワーカーの新しい洋服の買い物を手伝う話は彼女の気持ちを高揚させました。

「ポートノイ夫人」は誰かの母親になることを必要としています。それは、自分が役立つ有能な人間であることを明らかにするための、彼女が知っている唯一の方法だからです。彼女を必要とし、その助言に感謝する人に囲まれていることが必要なのです。最後の子供がひとり立ちしたとき、「ポートノイ夫人」は自分がこれまでに心得のある唯一の仕事から「解雇された」と感じました。自分の人生に意味を与えた仕事から心ならずも引退する事態が、男性に生じるよりも十五年、もしくは二十年早く生じたのです。彼女の鬱状態と自分はお役御免になった無価値な人間であるという感覚は、退職を強いられた高齢の労働者の感じ方に似ています。夫人が若いソーシャルワーカーが現れたのに対し質問攻めで反応するのはそのためです。夫人はこう言っているようです。「あなたが本当に私を助けたいならば、病歴をとったり、趣味を見つけてくれたりしても私の助けにはならないのよ。あなたを私の娘のように扱わせ、あなたの世話を焼き、心配をし、助言をすることが助けになるのよ。私はそれがうまくやれるの。私にはそうすることが必要なの。率直に言ってあなたの様子から判断すると、たぶん、私の言うことを聞けば、あなたのためになるはずよ。そう、ノートを片づけなさい。背筋をまっすぐにして立ちなさい。そんなにお化粧をしないことよ。明るい洋服を着なさい。あなたにチキンスープを作るために家に帰して。今にわかるわよ、あなたと私のどちらもがずっと幸せになることがね」。

人々との接点のない人生、すなわち、来る日も来る日も同じ人々がいるわけではなく、自分と居場所を共にする人々、自分のためにそこにいる人々、自分を必要とし、また引き替えに自分が必要とする人々がいない人生は、他のことでは非常に豊かであったとしても、人間的な意味では人生と言えるものではありません。

ある夏の日に、浜辺に座って砂遊びをしている男の子と女の子を眺めていました。彼らは波打ち際で、城門、塔、堀、城内通路のある、手のこんだ砂の城づくりに一生懸命でした。彼らの城が完成する間際に、大きな波が打ち寄せ、砂の城は波にのまれて壊れ、水浸しの砂山になってしまいました。頑張ってつくり上げた作品が無残に壊されてしまったことで、子供たちはひどくがっかりして泣き出すのではないかと私は思いました。しかし、驚いたことに、彼らは泣くかわりに浜辺の波の届かない所まで駆け上り、笑いながら手を取り合って、別の城をつくろうと腰を下ろしたのです。彼らはまさに私にある大切な教訓を教えくれました。人生の出来事すべては、多大な時間とエネルギーを費やしてつくりあげた複雑な建造物といえども砂上の楼閣です。他者との結びつきだけが困難に耐え抜くことができます。遅かれ早かれ波が打ち寄せ、苦労してつくりあげたものを打ち壊すでしょう。そうした事態が起きたとき、互いに手を取り合える誰かがいる人だけが笑うことができるでしょう。

楽しさだけが人生のパートナーではない

完全かつ本当の意味での人間になるには、自分を傷つける世界から身を護るために常に身につけている心の鎧兜を脱がなければなりません。痛みを受け容れる用意がなければ、あえて希望と愛する勇気を持つことは決してできないでしょう。痛みを感じることを含め、いろいろな思いを感じ取る用意がなければ、コヘレトが人生の主要な報酬のひとつと見なしている、喜びを知ることは決してないでしょう。私たちは人生の悲劇を受け容れる余地を魂の中に設けなければなりません。私たちがいつまでもハッピーエンドにこだわるかぎり、神が私たちの叫びに応えなかったり、私たちのために世界のすべてがうまくいくようにしてくれなかったりするたびに動揺し、腹を立てる子供のような存在のままでいることでしょう。自分の苦しみについて話すのに私はそれほど適任であるというわけではありませんが、その話は、世界がどれほどうまくいくだろうと思われているかについての幻想を取り除いてくれると思います。

私たちの息子アーロンはジョン・F・ケネディ大統領が狙撃されたその週に生まれました。私は大統領暗殺後、ダニエル・パトリック・モイニハン〔一九二七―二〇〇三年。政治家、国際関係論の研究者〕が、「アイルランド人であれば真っ先に学ぶ教訓の一つは、遅かれ早かれこの世はあなたの胸を張り裂くというものだ」と涙ながらに言ったことを思い出します。それは同じく私もユダヤ史から真っ先に学んだ教訓の一つであり、息子の短い生涯の最中、さらに個人的にそれを学びました。私は、これまでに重篤な病、死別、あるいは失敗を経験せずに四十代になった人を羨ましいとは思いません。遅かれ早かれ、そうしたことがやって来るであろうことを承知しているからです。むしろ私は、過去にまったく悲しみの体験をしたことがない人たちが、それに対処しきれなくなるのを心配します。悲しみの言語、何かを感じ取る言語を学ぶことは、外国語を学習するようなものです。私たちは若いときにこそ、それらをよりよく学べます。おたふく風邪や水ぼうそうは、何歳でかかっても少しも楽しいものではありませんが、それと同じように、どのみち経験しなければならないのならば、若いうちに経験し、免疫をつけておく方がより好ましいのです。

苦しみへの抵抗力の減退と自殺

生きるに値するものを前途にたくさん持っているように見える何百人もの若者が、毎年なぜ自ら命を絶つのでしょうか？　なぜ十代の自殺という「流行病」が存在するのでしょうか？　こうした自殺は必ずしも落胆や絶望から生じた事件ではなく、しばしば幸せな家庭や裕福な地域社会で起き、家族を打ちのめし、学校や地域社会全体に長らく影を落とすことになる、脈絡なき悲劇のように見えます。自殺は他の悲劇以上に、あらゆる人々に重荷と自責の感情を残し、「自分が何をすれば自殺しなかったのだろうか？」と自問させます。しかも、全米の至るところで、その数が増大しています。自殺者数はもちろん、それぞれの自殺の背後にある話もまさに悲劇的です。

それに関していえば、熟年者や高齢者が重い病気やスキャンダルの可能性に直面したとき、自殺に追いやられるのはなぜでしょうか？　その答えは私たちの、社会の、痛みに対する態度と関係があるのではないか、と思います。どんな痛みにもそれを止める服用薬がある、と私たちは生まれた時から言われてきました。要するに、無痛の人生が約束されていました。そうしたやり方で解決できなくなると、非常に強い感情、特に心の痛みを扱いきれずに混乱し、手も足も出ないという思いにさせられます。どうすることもできないという感情を私たちは好きになれません。病気や拒絶されること、夢が実現できないこと、といった苦痛が自分に生じたとき、私たちはそうした苦痛を去らせることができず、どう対処したらよいかがわかりません。ときに、それを否定したり、痛みがないように装ったり、苦にはしていないふりをします(「酸っぱい葡萄」という寓話のように)。自分を誤魔化しきれなくなり、依然として痛みがつらいとき、私たちは途方に暮れます。痛みとの共生を学んだことのない一部の人は、生きることをあきらめる他に解決法がないと考えます。多くの心の病は現実の痛みから逃れる方法の一つです。慢性アルコール中毒はしばしば痛みを和らげる試みの一つとなり得るでしょう。しかし、あらゆる悲劇のうち最大のものは、愛され、才能があり、そのために生きるべき多くのものを持っているのに、それらをすべて忘れて、将来に自分が扱いきれるより多くの苦痛があると見なして、自殺してしまうことです。

痛みと共生し、痛みを乗り越える力を知ること

痛みは生きることの一部であり、それを学習する必要があります。痛みは永遠に続くものでも、必ずしも我慢できないものでもありません。そうであれば、私たちはそれを教えてもらう必要があります。青少年期の若者は、傷心とは骨折と同様に、ひどく痛むが、結局は癒えるものであり、痛みを超えて人生は続くという事実を受け容れる必要があります。不面目な秘密が暴露されようとしている人は、この世界には非難と同様に赦しがあること、どれほど欠点があり、不完全な人でさえ赦され、そのような人々を愛することのできる人間と神がこの世界にいることを確信する必要がありまず。末期患者は、人々が彼らを大切にし、時間を共に過ごし、彼らが健康であった頃と同じように真剣に受けとめてくれると、安心していられる必要があります。なによりも、私たちは痛みに耐える自分の力を信頼できるようにならなければなりません。人は自分が思っている以上によく痛みに耐えることができます。あらゆる人間の経験がそれを証明しています。私たちに必要なことは、痛みを恐れないようにすることに尽きます。現実から逃げないと決意し、その痛みを受け容れなさい。痛みを否定してはなりませんが、痛みに打ちのめされないことです。それは永遠に続くものではありません。いつの日か痛みは去り、あなたは依然としてそこで生きているでしょう。

助言を与え、生産的に生きることとは？

「私は生きてきた。自分の人生は重大なものだった」と私たちが自分で言うことができるようになるために不可欠な要素の最後のものは、私たちが生きてきたことで世界が違ったものになったことを知ることです。最終的にこれこそが、ポール・ソンガスが上院議員としての人生よりも彼の子供たちと過ごす時間を選んだ理由ではないか、と私は思います。政界において、彼は持続的な影響をわずかに与えることを望めるだけですが、家庭では自分の影響力が本質的で永遠であることを理解していました。

人間が成長して大人になる時に経験する発達段階についておそらく最も優れた心理学的研究である『人生の四季（*Seasons of a Man's Life*）』のなかで、ダニエル・レビンソン博士は、「メンター」の重要な役割について書いています。それによれば、キャリアを開始したばかりの若者にとってメンターを持つことは大いに有益である、というのです。メンターとは、父親ほど年長ではなく半世代ほど年長の保護者で、彼のキャリアに個人的に興味を持ち、仕事の内情に明るく、どのように仕事をなすべきかを教え、信望と影響力のあるひとかどの人物です。こうしたメンターを見つけた若い男女には成功するチャンスが多くあります。

この本の後段で、レビンソン博士はメンターの視点から見たその過程について、次のように書いています。

「若い人のメンターになることは、熟年となった大人が得ることのできる、最も意味ある人間関係の一つである。メンターとしての特有の満足感は、若い男女の発達を促し、彼ら、彼女らが自分の夢を形にし、それを実現させるよう努力するのを手助けすることにある。……そこには、利他的態度以上のものがある。というのは、メンター自身のためにもなることをしているからである。メンターは、熟年の人間としての自分の知識と技能を生産的に活用している。メンターになるという方法でなければできない形でさまざまなことを学んでいる。メンターは、世界と彼自身の内にある若いエネルギーの力とのつながりを維持できる。若者がメンターを必要とするのと同じように、メンターも若者を必要とする」。

私は四十八歳のとき、自分の仕事と時間を構築しなおすことに向けて大きな一歩を踏み出しました。私の責任を軽減するため、信徒会衆の指導者に、講義をしたり、精神的指導者としての負担を分かち合う専従の助任ラビを迎え入れるように説得しましたが、それは主に二つの理由からでした。第一は、執筆や講演を行ったり、家族と一緒に過ごしたりする時間をとるためです。これは専従ラビとしてはひねり出しにくかったものです。第二は、私がこの職に就いたとき年長のメンターを持てた幸運に恵まれたように、若い同僚のメンターとなる機会を自分に与えるためでもあります。私は専門的な仕事についての秘訣を伝授する相手、自分の個人的投資の結果として、成長ぶりを見届ける相手を持ちたかったのです。私たちの娘は間もなく親元を離れて大学に入学します。「ポートノイ夫人」のように、私も自分が導き、一人前にする誰かが必要だったのです。

そして、このようなことは私たちみんなに当てはまります。公式、非公式に限らず、学生の集団を相手にする教師や大学教員のみならず、経験ある簿記担当者、工場労働者といった誰もが仕事の有益な秘訣を新人に伝えることでしょう。なぜなら他の人に影響を及ぼすこと、ささやかであっても重要な点で彼や彼女の人生の一部に貢献することは、私たちが知っている、最も持続的な満足感のひとつだからです。私たちは経験を分かち合う必要があるから教えます。エリク・エリクソンは熟年世代にとっての課題とは次世代育成能力《ジェネラティヴィティ》と沈滞、影響を及ぼし続けることと座して死を待つこととの間の選択をすることである、と書いています。生産的なことができない人は、健康や人気、記憶、失望など、自分のことに過剰に関心を持つ人間になります。エリクソンはこう続けています。「人間は自分以外のことに興味を向けることのないという精神の歪みに苦しまないように、自分が他人に必要とされることが必要であるようにつくられている。次世代育成能力とは、親になることにおいて表されるが、仕事や創造的な思想においても表されることができる。人は教えることを必要とする」(E・エリクソン『洞察と責任』Erik Erikson, *Insight and Responsibility*, Norton, 1964, P. 130)。

人生は蓄積された宝物

人生を限りのある資源、すなわち、生きられる一定の年数や心臓の働きが終わりを迎えるまでの何百万回もの呼吸と心拍数として捉えるなら、過ぎ去っていくあらゆる歳月は、残り時間が尽きる時へと私たちを近づけます。年老いてゆく先の見通しを考えると、私たちが落胆の感情でいっぱいになっても不思議ではありません(私がかつて読んだ短編小説のある登場人物は、なぜ彼女がほとんどしゃべらないかと尋ねられ、人は生涯に話す言葉の持ち分を背負って生まれているので、持ち分を使いきってしまったとき死を迎えるからだ、と答えます)。

しかし人生は、限りある資源を使い果たすことではなく、宝物を蓄積することである、と考えてはどうでしょうか。新しい友人、学んだ新しい真理や体験したあらゆる経験は、自分をこれまでよりも豊かにします。五年前、十年前よりいっそう多くのものがいまの自分の人生にあるのは、その期間にあらゆる意味で自分が成長し、豊かになったからです。ミステリー小説家アガサ・クリスティー〔一八九〇―一九七六年〕の二番目の夫は考古学者のマックス・マローアン卿〔一九〇四―七八年〕でした。あるとき、ある人が彼女に、考古学者と結婚しているというのはどんな感じですか、と尋ねました。すると彼女は、「素敵なことよ。私が歳を重ねれば重ねるほど、彼はますます私に興味を持つようになる」と答えました。そのように感じるために考古学者になる必要はありません。歳を重ねれば重ねるほど、誰もがますます人間として興味深くなります。それは、過ぎ去った年月での体験が、私たちを深く豊かにしてくれるからです。

ある友人がかつて、人生は質のよいワインのようなものだ、年月を経るごとに価値が高まるのだから、と言いました。私はワインを飲むたびに残りが少なくなるという意味でその比喩は好きではない、とその友人に話しました。私はむしろ人生を良書と考えたいと思います。本に深く入り込めば入り込むほど、ますます本の世界と一体化し意味を理解するようになります。登場人物を理解する目がしっかりと養われ、その前に書かれた出来事の意味がより明確になります。本の終りにたどりつけば、完全に読み遂げたという満足感があります。

いうなれば人生は芸術作品です。さらに作品の細部にまで愛情深いまなざしを向けるなら、仕上がった作品を誇りに思うことができるでしょう。芸術家は、見ず知らずの人が自分の芸術作品を購入し、また作品が新しいオーナーにどれほど喜びを与えるかを知るすべもないのに、どうして絵を描き、彫刻を作り上げることができるのでしょうか？　作家は、自分の本が何百マイルも離れたところに住む知らない人に読まれ、そのような読者にどんな影響を及ぼすかを知ることもないのに、どうして書くことができるのでしょうか？　私たちがそれらの問いへの答えを知るとき、私たちはなぜ、いつの日か命を召されることをよく承知しながら、人生において懸命に働き、自分の人生を通して何かを作り上げるかを理解するでしょう。そして、他者だけが、私たちの人生を通して作り上げた作品がどれほどよいものであったかを記憶にとどめてくれるでしょう。

人生に真の意味を与えてくれるもの

タルムードには、人生にはその途上でなすべき三つのことがあると書かれています。子をもうけること、木を植えること、本を書くことです。それらはどれも私たちがこの世を去った後も存続するものに対して創造的で物事を生み出すエネルギーを注ぎ込むための方法であり、私たちの中にある最良のものを表現します。それらは、自分たちの人生は空しいものではなく、世界は実際、自分が生きてきたことによって以前よりも好ましいものになっている、という安堵感を私たちに与えてくれます。

前作『なぜ私だけが苦しむのか』の成功について私を最も喜ばせたのは、金銭的な報酬をもたらしたということではなく、また、九カ国語〔現在では十四カ国語〕に翻訳され、そのなかの三カ国でベストセラーになったという事実でもありませんでした。私の作品よりもスパイ小説やゴシップ話めいた伝記のほうが、ずっとよく売れていました。私を最も喜ばせたことは、誰一人私を知る人がおらず以前に訪れたこともない町に行って講演をした後、八人から十人くらいの人たちが私のところに寄ってきて、「あなたの本が私の人生を変えました。この本なしでは、私はこの一年をうまく乗り切れなかったでしょう」と言ってくれたという経験です。

コヘレトの言葉の作者について、いま一度考えてみてください。彼は死が自分の人生から意味を奪い、あたかも彼が最初から存在していなかったかのようにすることを非常に恐れていたために、人生の喜ばしい瞬間を心から楽しむ気にはなりきれませんでした。彼が子供を持ったことがあるかはわかりません。しかし、彼がこの世を去った後も人々が長く楽しむことのできる木を植え、庭園を造ったことはわかっています。

言うまでもなく、彼は何千年も後の人々にまで課題を与え、人生の意味を教え続ける本を書きました。人が望み得るこれ以上の大きな満足、不朽の名声の約束があるでしょうか？

10章

答えられずに残された一つの問い

「私の患者で人生の後半期、すなわち三十五歳以上の人々すべてのうち、人生についての宗教的な見解に自分たちの問題の最後の拠り所を見いだせなかった人は、一人ではなかった。彼ら全員が、あらゆる時代の宗教が信者に与えてきた信仰を失ったために病気になり、信仰を取り戻さずに実際に回復できた人は、一人もいなかったと言っても間違いではない」(C・G・ユング『魂を探求する現代人』)

人生の最終的な意味に答えられるもの

二千五百年前のエルサレムに精神科医がいたなら、コヘレトは出かけて医師にこう話したかもしれません。「私は不幸せです。自分の人生に何かが欠落していると感じるからです。私は、自分が本来そうあるべきほどには、いつもよい人間ではない、と感じています。多くの時間と才能を浪費してきたとも感じています。自分に定めた水準に見合うように挑戦し続け、ときにほぼ目的を達しましたが完全ではありませんでした。数々の有利な地位を手に入れたにもかかわらず、人生を浪費してきたと感じています」。すると、治療者はこう言ったでしょう。「自分に多くを求めすぎているのですよ。もっと現実的にならねば。自分の規準を下げなさい。所詮、人間なのですから」と。コヘレトは専門家の善意の助言によっても安心感を得られなかったことで、いっそう自分自身に失望し、専門家のもとを後にしたことでしょう。

しかし、それはおそらく間違った答えです。コヘレトのような人は、目標を高いところに置く必要があります。彼の人生が意味を持つためには、自分は重大なことをするために呼び出されたのだ、と感じる必要があります。重大な道徳的な要求が自分に求められるとき、私たちはよりよい気分になります。道徳的な被造物として真剣に受けとめられていると感じます。努力するのをあきらめ、自分自身への期待を低くすることを提案するのではなく、神は挑戦して期待に沿えずに終わった人間も赦すだろう、と彼に告げる方がずっとよかったでしょう。

統一教会に入信するため平凡な中流家庭を家出した若者が、なぜそんなことをしたのかと問われました。若者は、「父は大学に入り、よい仕事に就くように、としか言いません。文鮮明〔一九二〇―二〇一二年〕師は、自分が世界を救うのを手伝うように、と私に言ってくださいます」と答えました。子供が人生の試練にさらされないように楽な人生を用意するということが、親であることの意味であると誤解しているように、私たちが、人々にあまり期待しないことで彼らを助けているのだ、と思うときは、人間の性格を誤解していることになります。「所詮、人間なのですから」と、怠惰、不注意、身勝手の言い訳をしてはなりません。人間であることは偉大なことであり、神が他の生き物に求めなかった要求を人間にするのは、私たち人間に究極の敬意を表しているからです。世界には心を動揺させるものや誘惑するものが膨大にあることを考えると、よい人間であることは難しいことかもしれません。しかし、よい人間であることを引き受ける必要がない、したがって、挑戦しなくともよい、と言われるのは、もっと辛いことです。

コヘレトは、「何が自分の人生を意味のあるものにするのか？　何が私たちの人生を、生きている間は見向きもされず、死ぬとたちまち忘れ去られる運命にある束の間の出来事以上のものにするのか？」と問いました。結局、彼の答えはこうなります。「私にはその答えが思いつかない。しかし、本能的に、人間の生は単なる生物学的存在以上のものでなければならないと感じる。仕事をしていて、また家族と共にいて幸せを感じるとき、あるいは、愛し愛されるとき、人に寛大で思いやりの心を持てたとき、ただ生きているだけのときよりも、さらに重要な何かが生じているのを感じる。私は人間的であると感じ、しかも、その感情は論理や哲学以上に説得力がある」。

彼の言わんとすることは正しいかもしれませんが、疑問を払拭するほどの答えではなかったのだ、と思います。彼は、本能や曖昧な感情に照らして、「何が自分の人生を意味のあるものにするのか？」という問いにはほぼ答えましたが、一つの大きな答えられていない問いを残しています。「では、神を必要とするのは誰なのか？　神と関係なしに人生の究極的な意味の問題を論じることはできるだろうか？」という疑問です。コヘレトは快楽、財産、さらに学問に失望してきたように、組織宗教にも失望してきました。彼は独力で人生の基盤を構築することに挑み、なんとかそれを成し遂げます。彼が、「喜んであなたのパンを食べ」よと私たちに語るとき、「あなたの業を神は受け入れていてくださる」という言葉を添えて、その助言を強調します。しかし、離れた所に立ち、はるか彼方から私たちの行動を承認する以上に、意味ある神の役割はないのでしょうか？　コヘレトは有用な道案内人ですが、彼は私たちに必要な最後の一歩を踏み出す手前で立ち止まります。最後の一歩を踏み出せぬままでは、人生の意味を探求しても、個人的嗜好や希望的観測にすぎないものしか出てこないかもしれません。コヘレトは人生には意味があるという確証もない中で、勇気ある跳躍をしましたが、それは自分の信条に向かって飛び込んだにすぎませんでした。何を自分の信条、あるいは、人生の意味の根幹にすれば、あちこちにそれを確認して回る必要がなくなるのでしょうか？

神によって埋め込まれた道徳意識

神が答えとなるのはどんな問いでしょうか？　「天国に住んでいるのは誰か？」という問いに対する答えを神とするなら、宗教を矮小化することになり、思慮深い人が宗教を真面目に受けとめ、そこに助けを見いだすことは難しくなります。神が存在するかが論点ではなく、神が私たちの人生にもたらす違いこそが論点です。神が答えであるとするなら、天国で自分を監視し、犯した罪を記帳し、品行成績表を用意するような誰かがそこにいると主張するのでしょうか？　それは、恐れと現実離れのした見込みに基づく宗教観の形成に手を貸すことになります。

神は私たちの人生を単なる生物学的存在の水準以上に引き上げるために何をされるのでしょうか？　一つには、神はこう命じます。道徳的責務の意識を自分に課しなさい、と。人生が重要なものとなるのは、食べて寝て、生殖行動をとるからだけではなく、神の意思を行うために私たちがこの世に存在しているからです。

人間には好ましい存在になりたいという欲求があります。道徳的に行動する主体として真剣に受け止めてもらう必要があり、神は私たちに道徳的行動を期待することで、私たちを真剣に受け止めていることを示します。私たちは、道徳的性質に従って生きられないとき、居心地悪く思い、自分を本当の自分らしくない、と感じます。何かを壊したり、悪いことをした幼児たちが、それらの行為を見つけられて罰を受けるまで納得できないのは、このためかもしれません。彼らは悪いことをして、何も罰せられずに済むことを望んでいません。叱られたり規律に従わせられたりすることは、気持ちよくはないかもしれませんが、よいことをしようが悪いことをしようが、気にもとめてもらえない世界に住むことの方が、ずっと居心地が悪いのです。説教者が自堕落な人や罪人を叱る、「火と硫黄の燃える」罰が待っているという説教を、喜んで聞く教会やシナゴーグの信徒たちがいるのも、そのためであるかもしれません。こうした説教は、神とその代理人たちが信徒たちに高い規準を設けていることを彼らに再確認させます。私たちの魂の中に神が埋め込んだ霊的な炎を消したり、人間的であるべしという道徳的な呼びかけに対して私たちを無関心にさせたりするには多くの時間がかかります。ヒトラーの親衛隊員さえ、彼らの本能としての思いやりが任務を妨げないことを確実にするために、定期的な「説教」を必要としました。

ヨセフの物語が教えること

私たち人間の本性は、食べて、寝て、運動をするのと同じくらい、人を助け、思慮深く、寛大であることを必要とします。食べすぎてほとんど運動をしないと、気分が悪くなります。人格にさえ影響を与えます。そして、利己的になり、人をだまそうとすると、同じような影響が生じます。本当の自分という感覚からかけ離れるようになり、好ましいと感じることがどのようなものかを忘れてしまいます。

聖書のなかのヨセフの物語〔イサクの子ヤコブの十二人の息子の一人〕を思い出せるでしょうか？　ヨセフは十七歳のとき、彼をねたむ兄弟たちによって奴隷として売られました。父親のお気に入りとして居心地よく、安定した生活は、突然、苦難と危険に満ちたものに暗転します。二十年間、彼は自分を売った兄弟たちに仕返しをする日を夢見続けてきました。自分を売った兄弟たちによる仕打ちのように、どのように彼らを平身低頭させ、懇願させ、慈悲を乞わせるかというイメージを思い描くことで、孤独と不正に耐えてきました。そして、想像の中で、そのあらゆる瞬間を楽しみました。

やがてある日、そのときがやってきました。カナン〔パレスチナと南シリアの古称〕の地に飢饉が起きたのです。エジプトだけがしかるべき量の穀物を有していました。ヨセフはファラオの農業担当大臣になっており、穀物の配給を担当していました。兄弟たちが彼の前に現れたのは、そうした背景のもとででした。彼は兄弟たちに気づきましたが、兄弟たちはヨセフに気づきませんでした。これこそ、彼が二十年間、夢見てきた瞬間だったのです。いまではヨセフには兄弟たちを思うとおりにできる権力がありました。兄弟たちが、彼の人生に加えた仕打ちの仕返しをすることができました。しかし、兄弟たちの一人を自分の奴隷として預かると脅し、さらに兄弟たちをスパイと告発するなどして苦しめはじめると、とても不思議なことが起きました。ヨセフは仕返しを、思っていたほど楽しめない自分に気づきました。夢のなかでは彼らを痛めつけ仕返しをすると、とても気が晴れました。しかし、実際には、仕返しを楽しむことができませんでした。ヨセフは仕返しを楽しむようになる自分を好きになれませんでした。非情で思いやりの心が持てない兄弟たちを憎悪した彼は、同じように非情で思いやりのない(それゆえに憎むに足る人間になる)自分を見ることに耐えられなくなりました(いやむしろ兄弟たちが、二十年前にはひどい人間であったにせよ、時を経て、もはやあの当時のような人間ではなかったからかもしれません)。ヨセフは人間の魂が嫉妬と復讐をするようにはできていないことを発見したのです。自分の本性に反する行動をとればとるほど彼は不快になり、ついに自分が兄弟であることを泣いて打ち明けたのです。

人間の魂はどのようにつくられているのか?

利己主義、冷笑主義さらに他人への不信は、不道徳であるばかりでなく、神に対して侮辱的な態度であるとさえ言えるでしょう。そのような態度は私たちにとっても、同じく不健全かつ有害なものになるでしょう。一九八四年、デューク大学医療センターで行われた研究は、「タイプA型行動(性急で、やる気満々、競争意欲の旺盛な人)」と心臓の病気との関連を調べました。当初の仮説は、タイプAの人格は、平均的な人たちよりも冠状動脈や血圧の問題を発症しやすいというものでした。ところが研究でわかったのは、一部のタイプAの人は全国平均よりも健康であり、人生の挑戦や競争を生きがいにしているようである、ということでした。とはいえ、競争的で攻撃的なタイプAの人は、自分の周りの大半の人間は詐欺師や嘘つきだと考え、彼らにつけ込まれないよう本心ではない言動をとり、嘘をつかねばならないと信じていました。そのため、人生において絶えず緊張し、心配し、他者と反目し合うため、動脈や血圧の数値にその結果が現れていました。

特定の食べ物、特定の活動がその他のものより健康的であるように人間の体がつくられているように、神は、特定の行動が他の行動よりも私たちの魂を健全にするようにつくられたのだ、と私は信じています。嫉妬、利己主義、不信は魂を害します。正直、寛容、快活さは魂を蘇らせます。私たちはあえて人の役に立つように尽力した後、文字どおりよい気持ちになります。

私の周りの人間が殺人をしてうまく逃げおおせるのを見たとき、なぜ私は善良で正直な人間でいるべきでしょうか？　神がこの問いへの答えになります。それは、神が義人には報酬を、悪人には罰を与えるようにはからうからではなく、善良さと正直さに基づいた生き方のみが、精神的に健全で人間的であると私たちに感じさせるように、神が人間の魂をつくられたからです。

不可知論者は人間の善を説明できるか？

生物学者ルイス・トーマス〔一九一三―九三年〕は、自然界のすべての生物の大原則は、適者生存ではなく、協力の原理であると書いています。植物や動物は、食物や光を求めて競争し隣人を打ち負かすのではなく、誰もが繁栄するやり方で隣人と共に生きることを学ぶことによって、生き残ることができます。神は、利己主義を乗り越え、隣人を助けるように私たちを動かす力です。同様に、その隣人にも利己主義を乗り越え、私たちを助けるよう促します。太陽が植物や木々を大きく成長させるように、神は私たちを自分という枠から上に引き上げます。神は私たちが最初になろうとしていたものよりも、さらに上の水準の存在になるように私たちに命じます。

最近のことですが、私の友人の二十一歳の息子が骨髄ガンにかかったことがわかりました。両親は必死になって、新しい実験的治療を彼に受けさせようと、自宅から約五千キロも離れたシアトルの病院に彼を搬送しなければなりませんでした。彼らの問題が人伝てに伝わって、ある驚くべき事態が生じはじめました。社会奉仕クラブが資金集めを組織し、治療費の支払いの手助けに乗り出します。シアトルの最高級のホテルの一つは、その青年の入院中、家族に無料で宿泊を提供しました。レストランは、彼らに食事を提供し、金を受け取りませんでした。マサチューセッツ州知事は、実験的治療にかかる費用の一部を保険適用にするよう生命保険会社に指示しました。二十一歳の青年が癌を患うようなことを、なぜ神は許されたのか、と問う人もいるかもしれません。私はむしろ、神がいないのなら、このような寛大さ、思いやりの感情で悲劇に応答するように人を動かすものは何かと問いたくなります。懐疑的な人や不可知論者は、人間社会の出来事における神の役割を否定することで、世の中の悪を説明することができます。しかし、彼らは善をどのように説明するのでしょうか？　神が私たちに働きかけないならば、残虐行為と犯罪は説明できても、寛容、思いやり、勇気、自己犠牲を、どう説明できるでしょうか？　太陽が花を育てて咲かせ、それ自体の中にある最も美しいものを表すようにするのと同じように。

小さな行いの積み重ねが最終的な勝利をもたらす

神は人間にはできない形で、私たちに希望を与えます。人間の世界では、マーフィーの法則が働きます。つまり、失敗する可能性のあるものは、いつか失敗する、という法則です。しかし、神のレベルでは、真逆の別の法則があります。正しく設定されたものは遅かれ早かれ、いつか成就する、というものです。戦争、飢え、不正義、憎悪といった問題が膨大で手に負えず、自分の生涯をかけても事態を前進させることすらできないのに、世界をよりよくしようと試みることにどんな意味があるのか、という問いに対しては、神がその答えとなります。神は、人間にはできないやり方で、私たちが一つの生涯をかけても達成できないものが死後に完成されること、また、この達成は部分的には私たちの生涯における尽力のおかげであることを保証します。人間はこの世に生まれ出てわずかな年月で死ぬべき運命であるかもしれませんが、神の意思は永久不滅です。コヘレトは自分が死んで、自分のすべての善行が忘れ去られるなら、自分が行うあらゆる善には何の意味があるのか、と悩みました。その答えは、善行は決して無駄にはならず忘れ去られるものではない、ということです。一人の生涯で達成することのできなかったものは、別の生涯へと受け継がれ、結果をもたらすでしょう。人生で互いをまったく知ることのなかった人間同士が好ましい出来事を実現するパートナーとなるのは、永久不滅の神が人間の挑戦に永遠という時間軸を与えるからです。

私は以前、カナディアン・ロッキーにたたずみ、小川の流れの水で山間の石が削り取られた峡谷を見たことがあります。にわか観察者の目には、この世に岩より堅固なものはなく、水ほど容易に流れの方向を変えるものはないように見えます。それにもかかわらず、何世紀にもわたり水は岩を削り取り、岩の姿を変え、戦いに勝利してきました。水の一滴だけでは岩より強くはありませんが、水の一滴一滴がそれぞれ、最終的な勝利に貢献したのです。

個人の夢が挫折したとき見失ってはならないこと

神が答えであったはずのどんな問いが、コヘレトに重荷を負わせたのでしょうか？一九五二年の秋、私はコロンビア大学の二年生でした。まだ投票権はありませんでしたが、関心を持って大統領選の行方を追うに足る年齢になっていました。当時、ドワイト・アイゼンハワーがコロンビア大学の総長でしたが、私の同級生の多くは民主党のアドレー・スティーヴンソンを支持していました(スティーヴンソンの母校プリンストン大学の学生たちは、アイゼンハワーを支持していました)。しかし私が一九五二年の選挙について最も記憶に残っていることは、アイゼンハワーが勝利したことでもスティーヴンソンが敗北したことでもなく、ロバート・タフト(一八八九―一九五三年。タフト＝ハートリー法の共同立案者)が、選挙後間もなく他界したことでした。

ある世代にとって、オハイオ州のロバート・タフト上院議員は共和党の良心であり、ニューディール政策に取って代わる原則の体現者でした。彼の生涯の野心は、父ウィリアム・ハワード・タフト(一八五七―一九三〇年。第二十七代合衆国大統領)のように、合衆国大統領になることでした。民主党政権が二十年近く続いた後で、民主党の自己満足とスキャンダルまみれの状況、不人気な朝鮮戦争とが相まって、一九五二年はタフトにとって絶好の年のように見えました。しかし、その夏、共和党は大統領候補者を、数百万人の退役軍人やその他のアメリカ人にとって戦争の英雄であったアイゼンハワーに求めました。タフトはアイゼンハワーの大統領就任後、間もなく他界しました。

私は当時、タフトのように一九五二年の夏には大統領候補選を闘うほど十分元気だった人が数カ月後にガンで末期的病状になる、ということを受け容れるのに困難を感じたことを覚えています。彼の生涯の夢の崩壊と健康の崩壊との間に何か関連性があるのではないか、とその後間もなくして、私は思いはじめました。

自分の全人生が失敗だったと感じるなら、どう生き続けられるのでしょうか？　そのために努力をし、夢見てきた目標が手の届かないところにあり、自分の手に決して入らないだろうと考えるとき、また、別の生涯の目標を見つけ出すには年を取りすぎ、自分の失敗を日々思い出す他に余生で予期できるものが何もないとき、生きることにどんな意味があるというのでしょうか？　全人生を通して、自分が愛した人たちにとってのよき妻であり、よき母である以上のことを望まなかったのに、熟年になって自らの落ち度がないのに離婚したり寡婦になったり、あるいは、子供たちが自分がそうなってほしいと望んでいたものとはまったく違ったものになってしまったのがわかったとしたら、これから人生を歩み続ける力を、どこに見いだせるでしょうか？　自分を駆り立てる夢が、父親よりも成功し、より金を稼ぎ、より高い社会的地位を手にして、最終的に父親が自分の手に入れたものを認めざるを得なくなるということであり、その夢が今後決して思い通りにならないという現実に結局は直面しなければならなくなったとしたら、どのように壊れ果てた夢の断片と共に生きていけるでしょうか？

どんな問いに対して神が答えとなるでしょうか？　なによりも、人生が失敗だったと感じるとき、自分はどう生き続けることができるであろうか、という問いに対して、神が答えとなります。つまり、「人は目に映ることを見るが、主は心によって見る」（サムエル記上　一六章七節）ということです。世俗社会、神を信じない人は、結果や業績によってのみ評価します。つまり勝利したか、敗北したか、計画を実現したか、失敗したか、儲けたか、損をしたか、と。しかし、神のみが何を成し遂げたのかではなく、どのような人間であるのかを基礎に、私たちを評価することができます。世俗社会においては、もっぱら行為に価値があるので、人は物事を実現するとか生産的で成功すれば価値がある、というわけです。事故で人が殺されたり、手足が不自由になったりしたとき、その人の受けた損害を私たちはどう算出するでしょうか？　彼が事故のために喪失した金を稼ぐ能力を計算します。ティーンエージャーや高齢者が私たちの社会で問題となるのは、彼らが生活をし、呼吸し、食べる存在であっても、生産的な人間ではない、ということからです。彼らは生産的なことは何もしません。大学教育が推奨されるのは、あなたの魂を深め人生を理解することに役立つからではなく、収益力を高めるからです。ですから、ユージン・ボロヴィッツ（一九二四—二〇一六年。アメリカの改革派ラビ、宗教哲学者）は、こう書いています。「私たちは老化してもはや役に立てなくなる、つまり、自分の価値を人に示すことができなくなるのを恐れている。私たちは、自分たちの価値と仕事ができることとを同等視している」と。

神による評価は人による評価とは異なる

神の基準で人を評価することができないとき、人間の基準によって人を評価するほかありません——彼らは有用だろうか？——というものです。もはや魅力の盛りを越し、出産できる年齢を過ぎた女性たち、売上のノルマを超えるよう自分を駆り立てられなくなった男性たちは、もはや有用ではなく、それゆえに、人間としてほとんど存在していないに等しい、とされます。人が目に見え計測できるものしか見なくとも、神は人の心をご覧になります。神は私たちの失敗を赦されるだけでなく、他の誰もが見ない、私たち自身さえも見ない成功を見られます。私たちの口にしなかった怒りの言葉、抗った誘惑、周りにいる人がほとんど着目もせず長いこと忘れられていた忍耐や人への親切に、神のみが正当な評価を与えることができます。単に人間であることが、神の目から見たある特定の価値を私たちに与えます。そして、全人的統合性をもって生きようと努めることが、私たちを神の前での成功に導きます。

神は一九五二年のロバート・タフトだけでなく一九八四年のポール・ソンガス（九

章参照）にも、こう告げられたのかもしれません。「あなたは大統領になれないだろう。ほとんどの人がなれないのだ。けれども、公私にわたる人生に関する、まさに実質ある現実のあなたの業績を見よ。それらは成功と感じるべきものだ。大統領候補の指名を逃したことで、自分を失敗者と考えてはならない。人生に望んだすべてではなく、その一部しか叶わなかったために、自分自身への信頼を失うこと、この敗北のゆえに大局的な観点から自分の勝利を捉えられずにいること、それこそが失敗である」と。

ユージン・ボロヴィッツはこう書いています。

「私たちは深刻な、もしくは、永続的な失敗の可能性があるとは思いもしなかった。また自分たちの最良の考えが、狭量すぎるとか、計画が不適切であるとか、性格がさもしいとか、意志が頑迷であるかもしれないといったことを信じられなかった。確かに、正義を行うことで悪をも生み出し、それが、ときに、行ってきた善をもしのぐほどに大きくなることがあることを予期できなかった。その結果は、道徳的な不安感をもたらしただけではない。人類がこれまでに経験した最大の自由と豊かさの時代の只中で、広く知られた精神病理的な問題が、罪意識から鬱病へと変わっていった。自分の失敗を知ると、私たちは心から自分を信じることができなくなる。自分の力の中にある善を行うことさえできない。なぜなら、失敗の経験が、自分が行うことは何の価値もない、と私たちに確信させてきたからである。もし宗教が、やる気を麻痺させることなく失敗を受け容れ、責任感を軽減することなく許しに手が届くということを世俗社会に教えることができるなら、いま私たちの文明に充満する意気消沈の気分と道徳的無気力感に、終止符を打てるかもしれない。……宗教が私たちの社会に対する個人の尊厳の意識を回復させることができるなら、文明を担う自信を再構築するなんらかの希望を支えるだけの基盤を確保することになるであろう」(*Journal of Ecumenical Studies*, Summer 1984)。

違いをもたらす生き方とは

神は失敗したという意識や、失敗するかもしれないという恐れから、私たちを救い出してくださいます。なぜなら、神は人間が見ないやり方で私たちを見ることができるからです。一部の宗教は、神はとてもはっきりと私たちをご覧になるので、恥ずかしい考えや不快な秘密もすべてご存じであると教えます。しかし、私はむしろ、神はとてもはっきりと私たちをご覧になるので、私たちの傷や悲しみ、そして、物事をより多く、よりうまく行おうとし、世間からはまったくできていないと言われたことから負った心の傷跡を他の誰よりもよくご存知であるということを信じたいです。

どう生きれば、人生に違いをもたらせるのでしょうか？　善人で、正直で、信仰篤く、思いやりに富んだ人間であれば、違いが生じるのでしょうか？　そうしたことが、自分の銀行預金、あるいは、名声、幸運のための機会に違いをもたらすとは思えません。とはいえ、遅かれ早かれ、コヘレトが学んだように、それらは本当には重大なことではないと私たちも学ぶでしょう。正直や親切さのようなものを要求する、私たちに本来備わっている人間性に忠実であるかどうかは、重大なことです。それらをなおざりにすれば、無気力と歪んだ心が育まれます。自分自身の生活に閉じこもろうとするのではなく、他者とその世界に違いをもたらしながら、いかに他者と人生を分かち合えるかを学ぶかどうかは、重大なことです。食べ物、仕事、愛、友情といった日々の喜びを、聖なるものとの出会い、神のみならず私たちもまた実在することを私たちに教えてくれる出会いとして認識することを学ぶかどうかも重大なことです。それらの出来事はすべてに違いをもたらします。

仮庵祭が象徴するもの

ユダヤの伝統では、幕屋（古代ユダヤ人のテント式の移動可能な神殿（仮庵））の祭日とも言われる仮庵祭《スコット》として知られる祭日を秋ごとに祝います。この祭は、一つには、古代イスラエル人が農夫であったとき、毎年刈り入れた作物が収穫される秋に感謝を捧げたことに由来する、古くからの収穫祭です。実際、これがアメリカの感謝祭《サンクスギビングデー》のひな形になっています。もう一つには、エジプトを脱出し、約束の地に定住するまでの荒野の四十年間、神がイスラエルの民を手厚く保護してくれたことを記念する行事でもあります。

私たちは自宅にわずかの板材と枝だけで小さな小屋を建て、その祭日週の間、その中に友人を招き、ワインを飲み、果物を食べながら仮庵祭を祝います。仮庵祭は、長くはもちこたえられない物事の美の祝いです。小屋は雨風にとても弱く（通常私たちが建てた数日後に壊れてしまいます）、その週末には解体されます。熟れた果実は、摘み取って素早く食さなければ腐ってしまいます。友人たちは、私たちが望むだけ長く一緒にいてくれるわけではありません。

北方の気候では、木の葉が美しく色を変えますが、これは落葉の過程の始まりでもあります。

仮庵祭は秋にめぐってきます。夏が過ぎ、夕暮れ時は、ときに、冬を告げる最初のささやきとなる肌寒さとなります。仮庵祭がめぐってくると、私たちは、次のようなことを教えられます。世界は食べ物やワイン、花々、夕暮れや秋の景色、それらを分かち合えるよい仲間たちといった、数々のよい物事と美しい物事に満ちています。同時に、それらは長く続くものではないので、私たちはそれらを、時を置かずに楽しまなければならないのです。それらは、私たちが他のことを済ませて、それらを楽しむ時間的余裕を見つけるまで待ってはくれません。今が「喜んであなたのパンを食べ気持よくあなたの酒を飲む」時である、というのは、人生が永遠に続くものではないにもかかわらず、ということではなく、まさしくそれゆえに、ということです。仮庵祭は、私たちが人生において愛する人たちとの幸せを享受し、今日という日を楽しむことが、明日について思いわずらう以上のことを意味するということを実感するときです。さらに、人生とはどんなものであるか、人生を最大限に活かすにはどうしたらよいかをついに学んだ、という事実を祝うときです。この仮庵祭の間、シナゴーグで勉強のために読む聖書の特別な箇所が、「コヘレトの言葉」です。

訳者あとがき

世界的なベストセラー『なぜ私だけが苦しむのか――現代のヨブ記』(*When Bad Things Happen to Good People*, 1981)(斎藤武訳、一九八五年、ダイヤモンド社、二〇〇八年、岩波現代文庫)の著者ハロルド・クシュナーが五十歳のときに書いた本書(*When All You've Ever Wanted Isn't Enough*, 1986)は、今でも国際的に読み継がれているロングセラーです。ユダヤ教のラビであるクシュナーは、十四歳の息子アーロンを早老症のために亡くし、著者に降りかかった辛く不条理な運命の告白書『なぜ私だけが苦しむのか』によって世界的に知られた作家となりました。彼はユダヤ教のラビとして、また、オクラホマ連邦政府ビル爆破テロ事件やニューヨークの九・一一同時多発テロの犠牲者の遺族、故人の友人、知人たちの悲しみを癒やそうと彼らに寄り添ってきたカウンセラーとしてもよく知られています。彼が届けた人々への癒しのメッセージは、ユダヤ教は無論のこと、キリスト教を含むその他の宗教を持つ読者からも幅広い共感を呼んできました。いくつかの彼の作品を通し、彼の宗教、人生観に強く共感してきた訳者にとって本書は、彼の五冊目の翻訳となりました。『なぜ私だけが苦しむのか』は死や重大な病によってもたらされた不条理を取り上げたのに対し、本書では、私たちに影のようにつきまとう、生きる意味、生きた証を希求する人間だけが持つ精神的な渇きを取り上げています。

情報化時代と言われて久しい現代、多くの人々が忙しくスマートフォンを操作し、インターネットでさまざまな情報を得、ＳＮＳなどで連絡を取り合っています。そうした情報量たるや、以前の時代の比ではありません。しかし、多くの情報を瞬時に手にし、容易にさまざまな手段で連絡を取り合えるようになった今日の人々は、昔の人よりも質的に豊かで、幸せになり、人生に意味を見いだす上で本当に賢くなれたのでしょうか。社会的な格差が広がりつつある時代ではありますが、戦争ですべてを失い、絶対的欠乏から曲がりなりとも抜け出せた今、「衣食足りて礼節を知る」時代になったでしょうか。凶悪な犯罪、行きずりにも近い殺人、陰湿ないじめ、ネットにおける他人への中傷、弱者へのさまざまな現場でのハラスメントが日常茶飯事のように繰り返されています。世の中の注目を集めるために、あるいは、有名になるために手段を問わない犯罪を含むさまざまな事件が多発しています。反社会的な行動をとってでも有名になりたい、歴史に名を残したいという「ヘロストラトス症候群」（紀元前三五六年頃、ギリシアの羊飼いヘロストラトスが、歴史に名を残そうとアルテミス神殿に放火し、倒壊させた故事に由来)が日本を含め世界中でこれほど顕在化したことはないように思われます。現代の私たちの世界は一見するとかつてないほど豊かに見えても、その下に広漠たる砂漠のような巨大な精神的空白が横たわっているかのように思えてなりません。そのような時代であるからこそ、本書のテーマである「人生の意味」を深く、真摯に考える必要があるのではないでしょうか。

「人生に意味はあるのか」「自分は人生になにを残してきたのか」という問いは、多忙な暮らしに流されてかき消され、ときに、失念さえしてしまうかもしれません。しかし、この問いはまさに古くて新しい永遠の問いです。本書は、「今の時代に古すぎる」と少なからぬ出版社から翻訳を断られ続け、十年余の歳月が流れました。このたび、岩波現代文庫として我が国でもようやく日の目をみることになったことを、訳者はとてもうれしく思っています。本書が取り上げるテーマは決して日本人の読者にとって縁遠い、いわゆる「あちらの古い話」ではなく、むしろ、今日を生きる人々の思いに重ね合わせることができるものです。本書はコンパクトな随筆であり、決して大部な学術書ではありません。しかし、小さな本であっても、哲学、文学、心理学、精神分析、精神医学、なによりも旧約聖書(ヘブライ語聖書)とその解釈を集約したタルムードの研究や宗教文化論といった、リベラル・アーツの知見を随所に散りばめたクシュナーの現代社会への視座は、叡知に溢れています。

とりわけ飢え渇く人間の哲学的な問いである「生きる意味」をテーマに取り上げた、旧約聖書の「コヘレトの言葉」(伝道の書)の現代版ともいうべき本書では、「コヘレトの言葉」が主旋律であり、文豪ゲーテの描いた、生きる実感を味わいたいがために悪魔と自分の魂を取引する『ファウスト』、大乗仏教の「無常観」、「空」の哲学観にも通じる世界が副旋律として流れ、このテーマをさらに引き立たせています。

かつて英国の文豪キップリングが「東は東、西は西、しかして両者は永遠に相まみえることなし」と詠ったように、東西の文明の差異に着目する見方もあることでしょう。しかし、欧米文化の頭石ともいうべきユダヤ・キリスト教は、ユダヤ教、原始キリスト教、聖書を生んだ当時のパレスチナに起源を有しています。彼の地はヨーロッパでもアジアでもなく、東と西の世界が互いに交錯する中近東世界です。そうした文脈から、コヘレトの言葉における「空の知恵」は、仏教、たとえば「般若心教」の「空の意識」における世界観と、クロスオーバーしているようで興味深くはないでしょうか。本書の議論が人生の意味、そして生きてきた自分の証を求める読者にとって、なんらかの示唆となれば望外の喜びです。

本書の企画、校閲作業において岩波書店の中西沢子氏には多々お世話になりました。英語学の専門家フィリップ・アイゼンスタット氏からは原文解釈に関し、有益な示唆を与えていただいたことに深く感謝いたします。ハロルド・クシュナーに私淑する者の一人として、彼の一連の作品が今後とも我が国で読み継がれることをささやかながら願ってやみません。

二〇一七年一月

松宮克昌

本書は岩波現代文庫のために翻訳されたオリジナル版である。

私の生きた証はどこにあるのか
―大人のための人生論　H. S. クシュナー

2017年2月16日　第1刷発行

訳　者　松宮克昌《まつみやかつまさ》

発行者　岡本　厚

発行所　株式会社 岩波書店
〒101-8002 東京都千代田区一ツ橋 2-5-5
案内 03-5210-4000　営業部 03-5210-4111
現代文庫編集部 03-5210-4136
http://www.iwanami.co.jp/

印刷・精興社　製本・中永製本

ISBN 978-4-00-603304-0　Printed in Japan

岩波現代文庫の発足に際して

新しい世紀が目前に迫っている。しかし二〇世紀は、戦争、貧困、差別と抑圧、民族間の憎悪等に対して本質的な解決策を見いだすことができなかったばかりか、文明の名による自然破壊は人類の存続を脅かすまでに拡大した。一方、第二次大戦後より半世紀余の間、ひたすら追い求めてきた物質的豊かさが必ずしも真の幸福に直結せず、むしろ社会のありかたを歪め、人間精神の荒廃をもたらすという逆説を、われわれは人類史上はじめて痛切に体験した。

それゆえ先人たちが第二次世界大戦後の諸問題といかに取り組み、思考し、解決を模索したかの軌跡を読みとくことは、今日の緊急の課題であるにとどまらず、将来にわたって必須の知的営為となるはずである。幸いわれわれの前には、この時代の様ざまな葛藤から生まれた、人文、社会、自然諸科学をはじめ、文学作品、ヒューマン・ドキュメントにいたる広範な分野のすぐれた成果の蓄積が存在する。

岩波現代文庫は、これらの学問的、文芸的な達成を、日本人の思索に切実な影響を与えた諸外国の著作とともに、厳選して収録し、次代に手渡していこうという目的をもって発刊される。いまや、次々に生起する大小の悲喜劇に対してわれわれは傍観者であることは許されない。一人ひとりが生活と思想を再構築すべき時である。

岩波現代文庫は、戦後日本人の知的自叙伝ともいうべき書物群であり、現状に甘んずることなく困難な事態に正対して、持続的に思考し、未来を拓こうとする同時代人の糧となるであろう。

（二〇〇〇年一月）

S245
学問の冒険
河合雅雄

日本独自のサル学を切り拓いた著者が、探検と冒険の喜びに満ちた半生をふりかえり、学問の創造性を育む「雑木林の思想」の魅力を存分に語る。

S246
未来からの遺言
―ある被爆者体験の伝記―
伊藤明彦

吉野さん(仮名)が語った感動の被爆体験に重大な謎があった。それは幻の語りだったのか。被爆者の声を聞き取り続けた著者が問う衝撃の書。〈解説〉今野日出晴

S247
砂の文明 石の文明 泥の文明
松本健一

「砂の文明」のイスラム圏、「石の文明」の欧米、「泥の文明」のアジア。「文明の衝突」論を批判し、「泥の文明」の可能性を追求する。

S248
脳の学習力
―子育てと教育へのアドバイス―
S.J.ブレイクモア
U・フリス
乾敏郎
山下博志
吉田千里 訳

脳科学の最新の研究が脳のメカニズムを解明する。早期教育の有効性、効率的に脳を発達させる方法、熟年世代の学習の可能性を考察する平明な一冊。

S249
営業をマネジメントする
石井淳蔵

個人がすべてを背負う属人営業から組織中心の合理的な営業へ。営業プロセスごとの専門性を高めて、顧客の多様なニーズに応える。

S250
中華万華鏡
辻 康吾

庶民の日常生活から国際紛争への対処まで様々な事象の背景をなす中華世界の容易に変わらない深層を探り、中国理解のための鍵を提供する。岩波現代文庫オリジナル版。

S251
ことばを鍛えるイギリスの学校
―国語教育で何ができるか―
山本麻子

幼い頃から自分の力で考え、論理を築き、説得的に表現できるよう日々鍛えられる英国の子どもたち。密度の濃い国語教育の実態を具体的に紹介する最新改訂版。

S252
孤独死
―被災地で考える人間の復興―
額田 勲

大震災をようやく生きのびた人びとが、仮設住宅で、誰にもみとられずに亡くなっていくのは何故か。日本社会の弱者切り捨ての実態に迫る渾身のレポート。〈解説〉上 昌広

S253
日本の空をみつめて
―気象予報と人生―
倉嶋 厚

気象と文化をめぐるエッセイ。身近な「天気」と人生との関わりを俳句や故事成語を交えて語る思索の旅。気象予報の現場で長年活躍してきた著者の到達点。

S254
〈子どもとファンタジー〉コレクションⅠ
子どもの本を読む
河合隼雄
河合俊雄編

「読まないと損だよ」。心理療法家が、大人にも子どもにもできるだけ多くの人に読んでもらいたい児童文学の傑作を紹介する。〈解説〉石井睦美

S255
〈子どもとファンタジー〉コレクションII ファンタジーを読む
河合隼雄
河合俊雄編
ファンタジー文学は空想への逃避ではなく、時に現実への挑戦ですらある。心理療法家が、ル＝グウィンら八人のすぐれた作品を読む。〈解説〉河合俊雄

S256
〈子どもとファンタジー〉コレクションIII 物語とふしぎ
河合隼雄
河合俊雄編
人は深い体験を他の人に伝えるために物語をつくった。児童文学の名作を紹介しつつ、子どもと物語を結ぶ「ふしぎ」について考える。〈解説〉小澤征良

S257
〈子どもとファンタジー〉コレクションIV 子どもと悪
河合隼雄
河合俊雄編
創造的な子どもを悪とすることがある。理屈ぬきに許されない悪もある。悪という永遠のテーマを、子どもの問題として深く問い直す。〈解説〉岩宮恵子

S258
〈子どもとファンタジー〉コレクションV 大人になることのむずかしさ
河合隼雄
河合俊雄編
カウンセラーとしての豊かな体験をもとに、現代の青年が直面している諸問題を掘り下げ、大人がつきつけられている課題を探る。〈解説〉土井隆義

S259
〈子どもとファンタジー〉コレクションVI 青春の夢と遊び
河合隼雄
河合俊雄編
文学作品を素材に、青春の現実、夢、遊び、性、挫折、死、青春との別離などを論じ、人間としての成長、生きる意味について考える。〈解説〉河合俊雄

2017. 2

岩波現代文庫[社会]

S260
世阿弥の言葉
―心の糧、創造の糧―
土屋恵一郎

世阿弥の花伝書は人気を競う能の戦略書である。能役者が年齢とともに試練を乗り超えるためのその言葉は、現代人の心に響く。

S261
戦争とたたかう
―憲法学者・久田栄正のルソン戦体験―
水島朝穂

軍隊での人間性否定に抵抗し、凄惨な戦場でも戦争に抗い続けられたのはなぜか。稀有な従軍体験を経て、平和憲法に辿りつく感動の軌跡。いま戦場を再現・再考する。

S262
過労死は何を告発しているか
―現代日本の企業と労働―
森岡孝二

なぜ日本人は死ぬまで働くのか。株式会社論、労働時間論の視角から、働きすぎのメカニズムを検証し、過労死を減らす方策を展望する。

S263
ゾルゲ事件とは何か
チャルマーズ・ジョンソン
篠﨑務訳

尾崎秀実とリヒアルト・ゾルゲはいかに出会い、なぜ死刑となったか。本書は二人の人間像を解明し、事件の全体像に迫った名著増補版の初訳。〈解説〉加藤哲郎

S264
あたらしい憲法のはなし 他二篇
―付 英文対訳日本国憲法―
高見勝利編

日本国憲法が公布、施行された年に作られた「あたらしい憲法のはなし」「新しい憲法 明るい生活」「新憲法の解説」の三篇を収録。

2017.2

S265
日本の農山村をどう再生するか
保母武彦

過疎地域が蘇えるために有効なプログラムが求められている。本書は北海道下川町、島根県海士町など全国の先進的な最新事例を紹介し、具体的な知恵を伝授する。

S266
古武術に学ぶ身体操法
甲野善紀

桑田投手が復活した要因とは何か。「ためない、ひねらない、うねらない」、著者が提唱する身体操法は、誰もが驚く効果を発揮して各界の注目を集める。〈解説〉森田真生

S267
都立朝鮮人学校の日本人教師
―一九五〇―一九五五―
梶井陟

朝鮮人の子どもたちにも日本人の子どもたちと同じように学ぶ権利がある！ 冷戦下、廃校への圧力に抗して闘った貴重な記録。〈解説〉田中宏

S268
医学するこころ
―オスラー博士の生涯―
日野原重明

近代アメリカ医学の開拓者であり、患者の心を大切にした医師、ウィリアム・オスラー。その医の精神と人生観を範とした若き医学徒だった筆者の手になる伝記が復活。

S269
喪の途上にて
―大事故遺族の悲哀の研究―
野田正彰

かけがえのない人の突然の死を、遺された人はどう受け容れるのか。日航ジャンボ機墜落事故などの遺族の喪の過程をたどり、悲しみの意味を問う。

S270
時代を読む
―「民族」「人権」再考―
加藤周一
樋口陽一

「解釈改憲」の動きと日本の人権と民主主義の状況について、二人の碩学が西欧、アジアをふまえた複眼思考で語り合う白熱の対論。

S271
「日本国憲法」を読み直す
井上ひさし
樋口陽一

日本国憲法は押し付けられたもので時代にそぐわないから改正すべきか? 同年生まれで敗戦の少国民体験を共有する作家と憲法学者が熱く語り合う。

S272
関東大震災と中国人
―王希天事件を追跡する―
田原洋

関東大震災の時、虐殺された日本在住中国人のリーダーで、周恩来の親友だった王希天の死の真相に迫る。政府ぐるみの隠蔽工作を明らかにするドキュメンタリー。改訂版。

S273
NHKと政治権力
―番組改変事件当事者の証言―
永田浩三

NHK最高幹部への政治的圧力で慰安婦問題を扱った番組はどう改変されたか。プロデューサーによる渾身の証言はNHKの現在をも問う。各種資料を収録した決定版。

S274-275
丸山眞男座談セレクション(上・下)
丸山眞男
平石直昭編

人と語り合うことをこよなく愛した丸山眞男氏。知性と感性の響き合うこれら闊達な座談の中から十七篇を精選。類いまれな同時代史が立ち上がる。

2017.2

S276
ひとり起つ
―私の会った反骨の人―
鎌田 慧

組織や権力にこびずに自らの道を疾走し続けた著名人二二人の挑戦。灰谷健次郎、家永三郎、戸村一作、高木仁三郎、斎藤茂男他、今も傑出した存在感を放つ人々との対話。

S277
民意のつくられかた
斎藤貴男

原発への支持や、道路建設、五輪招致など、国策・政策の遂行にむけ、いかに世論が誘導・操作されるかを浮彫りにした衝撃のルポ。

S278
インドネシア・スンダ世界に暮らす
村井吉敬

激変していく直前の西ジャワ地方に生きる市井の人々の息遣いが濃厚に伝わる希有な現地調査と観察記録。一九七八年の初々しい著者デビュー作。〈解説〉後藤乾一

S279
老いの空白
鷲田清一

〈老い〉はほんとうに「問題」なのか？ 身近な問題を哲学的に論じてきた第一線の哲学者が、超高齢化という現代社会の難問に挑む。

S280
チェンジング・ブルー
―気候変動の謎に迫る―
大河内直彦

地球の気候はこれからどう変わるのか。謎の解明にいどむ科学者たちのドラマをスリリングに描く。講談社科学出版賞受賞作。〈解説〉成毛 眞

2017.2

S281
ゆびさきの宇宙
福島智・盲ろうを生きて
生井久美子
盲ろう者として幾多のバリアを突破してきた東大教授・福島智の生き方に魅せられたジャーナリストが密着、その軌跡と思想を語る。

S282
釜ケ崎と福音
―神は貧しく小さくされた者と共に―
本田哲郎
神の選びは社会的に貧しく小さくされた者の中にこそある！　釜ケ崎の労働者たちと共に二十年を過ごした神父の、実体験に基づく独自の聖書解釈。

S283
考古学で現代を見る
田中琢
新発掘で本当は何が「わかった」といえるか？　考古学とナショナリズムとの危うい関係とは？　発掘の楽しさと現代とのかかわりを語るエッセイ集。〈解説〉広瀬和雄

S284
家事の政治学
柏木博
急速に規格化・商品化が進む近代社会の軌跡と重なる「家事労働からの解放」の夢。家庭という空間と国家、性差、貧富などとの関わりを浮き彫りにする社会論。

S285
河合隼雄の読書人生
―深層意識への道―
河合隼雄
臨床心理学のパイオニアの人生に影響をおよぼした本とは？　読書を通して著者が自らの人生を振り返る、自伝でもある読書ガイド。〈解説〉河合俊雄

2017.2

S286
平和は「退屈」ですか
―元ひめゆり学徒と若者たちの五〇〇日―

下嶋哲朗

沖縄戦の体験を、高校生と大学生が語り継ぐプロジェクトの試行錯誤の日々を描く。社会人となった若者たちに改めて取材した新稿を付す。

S287
野口体操入門
―からだからのメッセージ―

羽鳥操

「人間のからだの主体は脳でなく、体液である」という身体哲学をもとに生まれた野口体操。その理論と実践方法を多数の写真で解説。

S288
日本海軍はなぜ過ったか
―海軍反省会四〇〇時間の証言より―

澤地久枝
半藤一利
戸髙一成

勝算もなく、戦争へ突き進んでいったのはなぜか。「勢いに流されて――」。いま明かされる海軍トップエリートたちの生の声。肉声の証言がもたらした衝撃をめぐる白熱の議論。

S289-290
アジア・太平洋戦争史（上・下）
―同時代人はどう見ていたか―

山中恒

いったい何が自分を軍国少年に育て上げたのか。三〇年来の疑問を抱いて、戦時下の出版物を渉猟し書き下ろした、あの戦争の通史。

S291
戦下のレシピ
―太平洋戦争下の食を知る―

斎藤美奈子

十五年戦争下の婦人雑誌に掲載された料理記事を通して、銃後の暮らしや戦争について知るための「読めて使える」ガイドブック。文庫版では占領期の食糧事情について付記した。

S292
食べかた上手だった日本人
―よみがえる昭和モダン時代の知恵―
魚柄仁之助

八〇年前の日本にあった、モダン食生活のユートピア。食料クライシスを生き抜くための知恵と技術を、大量の資料を駆使して復元！

S293
新版 報復ではなく和解を
―ヒロシマから世界へ―
秋葉忠利

長年、被爆者のメッセージを伝え、平和活動を続けてきた秋葉忠利氏の講演録。好評を博した旧版に三・一一以後の講演三本を加えた。

S294
新島襄
和田洋一

キリスト教を深く理解することで、日本の近代思想に大きな影響を与えた宗教家・教育家、新島襄の生涯と思想を理解するための最良の評伝。〈解説〉佐藤優

S295
戦争は女の顔をしていない
スヴェトラーナ・アレクシエーヴィチ
三浦みどり訳

ソ連では第二次世界大戦で百万人をこえる女性が従軍した。その五百人以上にインタビューした、ノーベル文学賞作家のデビュー作にして主著。〈解説〉澤地久枝

S296
ボタン穴から見た戦争
―白ロシアの子供たちの証言―
スヴェトラーナ・アレクシエーヴィチ
三浦みどり訳

一九四一年にソ連白ロシアで十五歳以下の子供だった人たちに、約四十年後、戦争の記憶がどう刻まれているかをインタビューした戦争証言集。〈解説〉沼野充義

2017. 2

S297
フードバンクという挑戦
―貧困と飽食のあいだで―
大原悦子

食べられるのに捨てられてゆく大量の食品。一方に、空腹に苦しむ人びと。両者をつなぐフードバンクの活動の、これまでとこれからを見つめる。

S298
いのちの旅
「水俣学」への軌跡
原田正純

水俣病公式確認から六〇年。人類の負の遺産「水俣」を将来に活かすべく水俣学を提唱した著者が、様々な出会いの中に見出した希望の原点とは。〈解説〉花田昌宣

S299
紙の建築 行動する
―建築家は社会のために何ができるか―
坂茂

地震や水害が起きるたび、世界中の被災者のもとへ駆けつける建築家が、命を守る建築の誕生とその人道的な実践を語る。カラー写真多数。

S300
犬、そして猫が生きる力をくれた
―介助犬と人びとの新しい物語―
大塚敦子

保護された犬を受刑者が介助犬に育てるという米国での画期的な試みが始まって三〇年。保護猫が刑務所で受刑者と暮らし始めたこと、元受刑者のその後も活写する。

S301
沖縄 若夏の記憶
大石芳野

戦争や基地の悲劇を背負いながらも、豊かな風土に寄り添い独自の文化を育んできた沖縄。その魅力を撮りつづけてきた著者の、珠玉のフォトエッセイ。カラー写真多数。

S302
機会不平等
斎藤貴男

機会すら平等に与えられない〝新たな階級社会の現出〟を粘り強い取材で明らかにした衝撃の著作。最新事情をめぐる新章と、森永卓郎氏との対談を増補。

S303
私の沖縄現代史
—米軍支配時代を日本〈ヤマト〉で生きて—
新崎盛暉

敗戦から返還に至るまでの沖縄と日本の激動の同時代史を、自らの歩みと重ねて描く。日本〈ヤマト〉で「沖縄を生きた」半生の回顧録。岩波現代文庫オリジナル版。

S304
私の生きた証はどこにあるのか
—大人のための人生論—
H・S・クシュナー
松宮克昌訳

私の人生にはどんな意味があったのか？ 人生の後半を迎え、空虚感に襲われる人々に旧約聖書の言葉などを引用し、悩みの解決法を提示。岩波現代文庫オリジナル版。